AM KURZEREN ENDE
DER SONNENALLEE

Bearbeitet von: Iris Felter
Illustrationen: Bonnie Poulsen

GEKÜRZT UND VEREINFACHT
FÜR SCHULE UND SELBSTSTUDIUM

Diese Ausgabe, deren Wortschatz nur die gebräuchlichsten deutschen Wörter umfasst, wurde gekürzt und in der Struktur vereinfacht und ist damit den Ansprüchen des Deutschlernenden auf einer frühen Stufe angepasst.

**Dieses Werk folgt der
reformierten Rechtschreibung
und Zeichensetzung**

Herausgeber: Ulla Malmmose

Umschlagentwurf: Mette Plesner

Copyright © Verlag Volk & Welt GmbH, Berlin 1999
All rights reserved by S. Fischer Verlag GmbH,
Frankfurt am Main
Easy Reader – Ausgabe, copyright ©:
Aschehoug Dansk Forlag A/S (Egmont), 2003
ISBN Dänemark 87-11-19004-3
www.easyreader.dk

Gedruckt in Dänemark von
Sangill Grafisk Produktion, Holme Olstrup

Biografie

Thomas Brussig ist 1965 in Berlin geboren. Er wuchs im Ostteil der Stadt auf. Seit 1995 arbeitet er als freiberuflicher Schriftsteller.

1991 debütierte er mit dem Roman "Wasserfarben",
1995 erschien der Roman "Helden wie wir",
1999 die Erzählung "Am kürzeren Ende der Sonnenallee",
2000 das Stück "Heimsuchung",
2001 der Roman "Leben wie Männer".

1999 wurde Thomas Brussig mit dem Drehbuchpreis der Bundesregierung für den Film "Sonnenallee" ausgezeichnet,
2000 bekam er den Hans-Fallada-Preis der Stadt Neumünster.

Kapitel 1

Michael Kuppisch, der in Berlin in der Sonnenallee wohnte, erlebte es immer wieder. Die Sonnenallee löste sentimentale Gefühle aus! Selbst feindliche *Sachsen* wurden freundlich,
5 wenn sie hörten, dass sie mit einem Berliner zu tun hatten, der in der Sonnenallee wohnt.

Michael Kuppisch konnte sich gut vorstellen, dass der Name Sonnenallee auch damals etwas bedeutete. Damals im Sommer 1945 auf der
10 *Potsdamer Konferenz*, als Stalin, Truman und Churchill Berlin aufteilten.
Vor allem für Stalin.
Die Straße mit dem so schönen Namen Sonnenallee wollte Stalin nicht den Amerikanern
15 überlassen, nicht ganz.
Als es drohte handgreiflich zu werden, als sich Stalins und Trumans Nasenspitzen fast berührten, da brachte der britische Premier sie auseinander. Er trat selbst vor die Berlin-Karte.
20 Auf den ersten Blick sah er, dass die Sonnenallee über vier Kilometer lang war.

der Sachse, Person aus Sachsen, einem Bundesland im östlichen Deutschland
die Potsdamer Konferenz, Absprache Sommer 1945 in Potsdam zwischen den USA, der UdSSR und Großbritannien darüber, wie es in Deutschland politisch und wirtschaftlich weiter gehen sollte.

Traditionell stand Churchill auf Seiten der Amerikaner. Jeder im Raum dachte nun, dass er zuerst an seiner Zigarre ziehen und dann einen Moment nachdenken würde. Danach würde er den Rauch ausblasen, den Kopf schütteln und den Amerikanern die Sonnenallee zusprechen. Doch als Churchill an seinem Zigarrenstumpen zog, bemerkte er missvergnügt, dass der schon wieder kalt war.

Stalin gab ihm Feuer.

Und während Churchill sich über die Berlin-Karte beugte, überlegte er, wie er Stalin dafür danken konnte.

Als er den Rauch wieder ausblies, gab er Stalin ein kleines Ende von sechzig Metern Sonnenallee und wechselte das Thema.

So muss es gewesen sein, dachte Michael Kuppisch. Wie sonst konnte man eine so lange Straße kurz vor dem Ende noch teilen? Und manchmal dachte er auch: Wenn der blöde Churchill auf seine Zigarre aufgepasst hätte, dann würden wir heute im Westen leben.

Michael Kuppisch suchte immer nach Erklärungen. Viel zu oft sah er Dinge, die ihm nicht normal vorkamen. Dass die niedrigste Hausnummer in seiner Straße 379 war, darüber konnte er sich immer wieder wundern. Er gewöhnte sich nie daran. Auch nicht an die tägliche Kränkung: Wenn er aus seinem Haus trat, wurde er mit Lachen und Pfeifen begrüßt. Ganze Schulklassen standen auf dem *Aussichtsturm* auf der Westseite und riefen »*Guckt* mal, ein echter *Zoni*!« oder »Zoni, mach mal winke, winke. Wir wollen dich knipsen!«

Aber das war alles gar nichts gegen das Unglaubliche, dass sein erster Liebesbrief vom Wind in den *Todesstreifen* getragen wurde. Und dass der Brief dort liegen blieb, bevor er ihn überhaupt gelesen hatte.

Michael Kuppisch, den alle Micha nannten, wohnte am kürzeren Ende der Sonnenallee, in einem der Häuser mit den ganz kleinen Wohnungen.

Die einzigen Leute, die bereit waren, dort einzuziehen, waren Jungverheiratete. Sie wollten endlich zusammen unter einem Dach leben. Doch sie bekamen bald Kinder, und so wurde es in den engen Wohnungen noch enger.

Als Micha es in der engen Wohnung nicht

---

der Aussichtsturm, siehe Seite 8
gucken, ansehen
der Zoni, unfreundlicher Ausdruck für eine Person aus der DDR, der früheren sowjetischen Besatzungszone
der Todesstreifen, Teil der Grenze, wo ein Hineingehen mit Lebensgefahr verbunden war.

mehr aushielt, begann er, sein Leben auch auf der Straße zu leben. Dort traf er genügend andere, denen es so ging wie ihm. Und weil fast überall am kürzeren Ende der Sonnenallee fast dasselbe passierte, fühlte sich Micha als Teil eines *Potenzials*.

Wenn seine Freunde meinten »Wir sind eine Clique«, dann sagte Micha »Wir sind ein Potenzial«. Was er damit meinte, wusste er selbst nicht genau.

Er fühlte aber, dass es etwas zu bedeuten hatte, wenn alle aus der gleichen Enge kamen. Wenn sie sich jeden Tag trafen und dieselbe Musik hörten. Wenn alle dieselbe Sehnsucht hatten und auch ganz dasselbe fühlten: Dass sie alles, alles anders machen würden, wenn sie endlich erwachsen waren.

Micha hielt es sogar für ein hoffnungsvolles Zeichen, dass alle dasselbe Mädchen liebten.

Kapitel 2

Micha und seine Freunde trafen sich immer auf einem einsamen Spielplatz. Weil kein 15-Jähriger der Welt sagen kann, dass er auf den

| *das Potenzial*, Kraft

Spielplatz geht, nannten sie es »am Platz *rumhängen*«. Das klang viel besser.

Dann hörten sie Musik. Am liebsten das, was verboten war. Meistens war es Micha, der neue Songs mitbrachte. Kaum hatte er sie auf Tonband aufgenommen, spielte er sie am Platz. Da waren sie noch zu neu, um schon verboten zu sein.

Ein Song wurde viel besser, wenn es hieß, dass er verboten war. Keiner wußte aber, wer die Songs verbot, und auch nicht aus welchem Grund.

»Hiroshima« war verboten, »Je t´aime« war verboten. Die »Rolling Stones« waren von vorne bis hinten verboten. Am verbotensten von allen aber war »Moscou, Moscou«.

Dieser Song wurde immer in einer hohen Stimmung gehört, mit wiegenden Bewegungen und geschlossenen Augen. Es ging nur um die Musik und wie man sich dazu bewegte. So bemerkten sie erst viel zu spät, dass der ABV plötzlich neben ihnen stand.

Genau in dem Moment rief Michas Freund Mario laut aus: »O Mann, ist das verboten! Total verboten!«

---

der ABV, örtlicher Polizeibeamte, siehe Seite 13
rumhängen, sich ohne eigentlichen Grund irgendwo aufhalten, siehe Seite 8

Der ABV machte den Recorder aus und fragte triumphierend: »Was ist verboten?«

Mario tat ganz unschuldig. »Verboten? Hat hier jemand verboten gesagt?«

»Der Ausdruck: Verboten findet in der Jugendsprache Anwendung, wenn die Jugendlichen ihre Begeisterung ausdrücken wollen«, sagte Brille. Er hatte schon so viel gelesen, dass er ohne Mühe lange Sätze sprechen konnte. »Verboten ist also ein Wort, das Begeisterung ausdrückt.«

»So wie dufte oder prima«, meinte Wuschel, der so genannt wurde, weil sein Haar so wild aussah.

»Sehr beliebt in der Jugendsprache ist auch der Ausdruck fetzig«, sagte Brille.

»Der aber nur dasselbe bedeutet wie stark oder eben - verboten«, erklärte der Dicke.

Alle nickten eifrig und warteten ab, was der ABV dazu sagen würde.

»Jungs, ihr wollt mich wohl für dumm verkaufen«, sagte der. »Ich glaube, ihr habt euch über etwas anderes unterhalten. Dass es total verboten ist, einen Reisepass nicht abzugeben, den eine Bürgerin aus der Bundesrepublik verloren hat.«

»Nein«, sagte Micha. »Das heißt ja. Also wir wissen natürlich, dass es total verboten ist, einen Reisepass, den man findet, nicht abzugeben. Aber darüber haben wir uns nicht unterhalten, Herr *Wachtmeister*.«

»Obermeister!«, sagte der ABV streng. »Ich bin kein Wachtmeister, sondern Obermeister. Erst ist man Oberwachtmeister, dann Hauptwachtmeister, Meister und Obermeister. Aber nächste Woche werde ich *Unterleutnant*.«

»Das ist ja interessant. Herzlichen Glückwunsch!«, sagte Micha. Er war froh, dass der ABV vergessen hatte, weshalb er auf dem Platz war.

»Wenn einer von euch einen Reisepass von einer Bürgerin aus der Bundesrepublik findet, ist der bei mir abzugeben«, sagte der ABV. »Verstanden?«

»Wie heißt sie denn, die Bürgerin aus der Bundesrepublik?«, fragte Brille, der es wieder ganz genau wissen wollte.

»Ihr sollt natürlich jeden Reisepass, den ihr findet, bei mir abgeben. Aber der Pass, der verloren wurde, gehört einer Helene Rumpel. - Na? Wie heißt die Bürgerin aus der Bundesrepublik?«

»Helene Rumpel«, antwortete Mario brav.

»Genau, - Rumpel, Helene«, wiederholte der ABV und die Jungs nickten. Dann wollte

---

der Wachtmeister, unterster Dienstgrad bei der Polizei, siehe Seite 13
der Unterleutnant, höherer Dienstgrad bei der Polizei

der ABV gehen, aber nach drei Schritten fiel ihm noch was ein. Er kam wieder zurück.

»Und was war das vorhin für ein Lied?«, fragte er und suchte die Start-Taste.

»Moscow, Moscow« begann. Der Verbotenste von allen verbotenen Songs! Der ABV hörte zu und nickte dann.

»Na? Wem seine Kassette ist das?«

»Eigentlich ist das meine«, sagte Micha.

»Aha! Die nehme ich mal mit. Ich lege nämlich selbst ganz gerne auf, im Kreise der Kollegen.«

Micha schloss vor Schrecken die Augen, als er sich das vorstellte. Er hörte nur noch, wie der ABV im Gehen munter rief: »Na, Jungs, so ein Hobby hättet ihr mir bestimmt nicht zugetraut, oder?«

Nach einer Woche war der ABV nicht Unterleutnant geworden, sondern zum Meister herabgesetzt. Und er begann, Micha zu *schikanieren*. Wann immer Micha ihm über den Weg lief, hieß es: »Guten Tag, Ihren Personalausweis, bitte!«

Es musste einen Riesenskandal gegeben haben. Micha konnte sich die Szene gut vorstellen: Der Polizeipräsident persönlich war

| *schikanieren*, jemandem großen Ärger machen

nach vorn gestürmt und hatte mit einem *Gummiknüppel* auf die Lautsprecherboxen eingeschlagen. Und der Innenminister hatte seine Dienstwaffe gezogen, um den Kassettenrecorder zu erschießen.

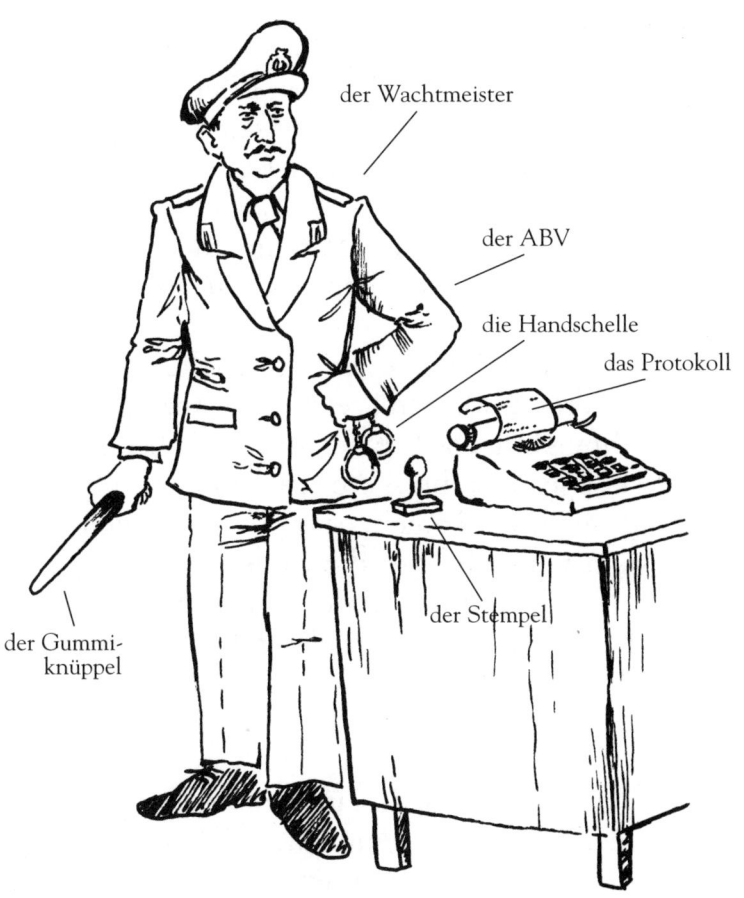

der Wachtmeister

der ABV

die Handschelle

das Protokoll

der Stempel

der Gummiknüppel

Kapitel 3

Wenn der ABV die Musikkassette mit »Moscow, Moscow« nicht an sich genommen hätte, dann wäre Michas erster Liebesbrief auch nicht in den Todesstreifen geflogen.

Eigentlich war Micha nicht ganz sicher, ob dieser Brief überhaupt an ihn war. Er war auch nicht ganz sicher, ob dieser Brief von dem Mädchen war, vom dem er für sein Leben gern ein Liebesbrief bekommen hätte.

Dieses Mädchen hieß Miriam und war die Schulschönste. Für Micha war sie natürlich die Weltschönste!

Sie war das Ereignis der Sonnenallee. Wenn sie auf die Straße kam, setzte ein ganz anderer Rhythmus ein. Die Straßenarbeiter ließen alles fallen. Die Westautos, die aus dem Grenzübergang gefahren kamen, stoppten und ließen Miriam vor sich über die Straße gehen. Auf dem Wachturm im Todesstreifen rissen die Grenzsoldaten ihre Ferngläser herum. Sogar das Lachen der westdeutschen Schulklassen verstummte.

Miriam war noch nicht lange an der Schule, in die auch Micha, Mario und die anderen gingen. Niemand wusste etwas Genaues über sie oder ihr Verhältnis zu Jungs und zu Männern. Miriam war für alle die fremde, schöne Frau.

Eigentlich war Miriam ein uneheliches Kind, aber auch das wusste keiner.

Sie war ein uneheliches Kind, weil ihr Vater mit dem Auto einmal zu früh abgebogen war. Er war auf dem Weg zum *Standesamt*. Dort wollte er Mirams Mutter treffen, die im achten Monat war. Die Hochzeit sollte in Berlin stattfinden, und in Berlin kannte sich Miriams Vater überhaupt nicht aus. Er kam von Dessau und bog falsch ab, fuhr eine andere Straße hinunter und stand plötzlich mit seinem *Trabi* im Grenzübergang in der Sonnenallee. Er verstand überhaupt nicht, dass er an einem Grenzübergang war. Deshalb stieg er aus und lief wütend umher.

»Ich will da aber durch!«, rief er immer wieder. Er war so aufgeregt, dass die Grenzer sich gründlicher mit ihm beschäftigten.

Er wurde so lange verhört, dass er den *Termin* auf dem Standesamt nicht mehr schaffte. Und bevor es zu einem neuen Termin kam, wurde Miriam geboren. So war Miriam ein uneheliches Kind.

Als Miriams kleiner Bruder geboren wurde,

---

das Standesamt, offizielle Stelle für Eheschließungen
der Trabi, ostdeutsches Auto mit Zweitaktmotor
der Termin, festgelegter Zeitpunkt

war Miriam klar, dass ihre Eltern nicht zusammenbleiben würden. Und als sie sich endlich trennten, wollte Miriams Mutter sich vor Miriams Vater sicher fühlen. So zog sie an das kürzere Ende der Sonnenallee.

Sie meinte ganz richtig, dass Miriams Vater nie wieder in diese Gegend kommen würde.

Miriams Verhältnis zu Jungs und zu Männern war völlig unklar. Sie wurde öfter gesehen, wie sie auf ein Motorrad stieg.

Das Motorrad fuhr immer erst vor, wenn sie aus dem Haus kam. Die Maschine war eine AWO, also das Motorrad! Die AWO war selten, denn seit den frühen sechziger Jahren wurde sie nicht mehr gebaut. Dass Miriam auf eine AWO stieg, war schon ein Zeichen davon, dass sie sich in einer ganz anderen Welt bewegte.

Wenn Miriam die Maschine vor ihrem Haus hörte, lief sie hinaus. Sie begrüßte den Fahrer mit einem schnellen Kuss - und weg war sie. Den AWO-Fahrer bekamen die Jungen vom Platz niemals zu Gesicht. Er trug immer eine Motorradbrille.

»Vielleicht ist er gar nicht ihr Freund«, sagte Micha einmal.

»Vielleicht ist es nur ... « Ihm fiel niemand ein. Wer würde täglich das schönste Mädchen abholen, sie mit einem Kuss begrüßen, wenn er nicht ihr Freund wäre?

»Vielleicht ist es nur ihr Onkel«, sagte Mario hoffnungsvoll.

Micha brachte es nie fertig, Miriam anzusprechen. Aber immer wieder versuchte er ihren kleinen Bruder über sie auszufragen. Alle, die in Miriam verliebt waren, - und das waren alle Jungen der oberen Klassen, versuchten das.

Miriams jüngerer Bruder war erst zehn, aber er wusste genau, was seine Informationen wert waren. Er ließ sich sogar dafür bezahlen, und zwar mit kleinen Spielzeug-Autos. Wenn jemand von ihm etwas über Miriam wissen wollte, fragte er als Erstes: »Hast du ein Auto für mich?«

Es sprach sich schnell herum, und so wurden die Schüler der oberen Klassen zu Auto-Experten. Nur ihre Westverwandten wunderten sich darüber, dass sich Sechzehn-, Siebzehnjährige zu Weihnachten den Lamborghini Countach oder den Road Dragster wünschten. Denn Miriams kleiner Bruder nahm nicht jedes Auto. Als ihm Brille mal einen grünen Kennel Truck geben wollte, gab er ihm keine Auskunft über Miriam. Es sollte schon ein Maserati oder Monteverdi Hai sein.

Kapitel 4

Einmal, in einer echten Notlage, hat Micha dann doch versucht, Miriams Aufmerksamkeit auf sich zu leiten.

Die Notlage bestand darin, dass er zu einem Diskussionsbeitrag *verdonnert* wurde.

In der Halle der Schule hing in großen Buchstaben der Spruch »Die Partei ist die Vorhut der Arbeiterklasse!«. Mario hatte das Wort Vorhut an der richtigen Stelle um den Buchstaben A bereichert. Dafür wurde Mario *verpetzt*. Eine Person, die jeden *verpetzt*, gab es immer.

Leider stand Mario schon auf so einer Art Liste. Er hatte nämlich schon einiges *ausgefressen*. »Noch so ein Ding, dann ... «, hieß es beim letzten Mal. Und jetzt konnte er nur eine Stelle als Betonbauer oder Arbeiter bekommen. Dabei wollte er doch studieren.

Doch als Marios Freund hat nun Micha das mit dem A auf sich genommen. Er wollte gern den Ruf haben, eine mutige Tat begangen zu haben. Und ein A an der richtigen Stelle in einer roten Parole anzubringen, das war eine mutige Tat.

verdonnern, verurteilen
verpetzen, verraten
ausfressen, etwas Verbotenes tun

Leider wusste weder Mario noch Micha, dass die Parole auf *Lenin* zurückging. Wer aber Lenin beleidigt, beleidigt die Partei. Wer die Partei beleidigt, beleidigt die DDR. Wer die DDR beleidigt, ist gegen den Frieden. Wer gegen den Frieden ist, muss bekämpft werden.

Und wie es aussah, hatte Micha Lenin beleidigt.

Deshalb wurde er zu einem Diskussionsbeitrag verdonnert, - von seiner Schuldirektorin, die mit dem Namen Erdmute Löffeling gestraft war.

Diskussionsbeiträge waren eine echte Strafe, obwohl sie eigentlich eine echte Ehre waren. Niemand wollte einen Diskussionsbeitrag halten. Jeder redete sich heraus. Doch Micha konnte sich nicht herausreden. Sein Diskussionsbeitrag sollte heißen »Was uns die Klassiker des Marxismus-Leninismus heute sagen«.

Micha befürchtete, für Miriam »der mit der roten Rede« zu werden, wenn sie ihn mit dieser Rede das erste Mal bemerkte. Deshalb musste Micha sich noch vorher bei Miriam in Szene setzen. Darin bestand die Notlage.

Lenin, 1870-1924, Anführer der russischen Revolution und sowjetrussischer Politiker

Er hatte zwei Wochen Zeit, und in diesen zwei Wochen war auch die Schuldisco. Die Disco endete schon um halb neun und Stimmung kam nie auf. Nur in der letzten halben Stunde war es in dem großen Raum dunkel wie in einer Disco.

Trotzdem hielt Micha die Schuldisco für die einzige günstige Gelegenheit, sich bei Miriam in Szene zu setzen.

Natürlich war die Schuldisco die ungünstigste Gelegenheit. Es kamen alle Jungs aus den oberen Klassen, und alle hatten dasselbe vor. Erst als Micha, Mario, Wuschel, Brille und der Dicke aus Langeweile die Etiketten an den Colaflaschen abgerissen hatten, kam Miriam. Sie setzte sich neben ihre Freundin, und die beiden begannen zu *schnattern*, als hätten sie sich zehn Jahre nicht gesehen.

Micha blieb gar nicht anderes übrig, als sich ein Herz zu fassen. Er musste das tun, was ein Mann tun muss.

In der Pause, bevor ein neuer Titel begann, stand er auf und legte den ganzen endlosen Weg quer durch die Disco zurück. Sobald die erste Note zu hören war, fragte er Miriam: »Tanzen wir?«.

Er gab sich die allergrößte Mühe, sicher und

| *schnattern*, eifrig über nicht wichtige Dinge reden

erfahren zu wirken. Aber plötzlich fuhr ihm ein Schreck in die Knochen, und er wusste, dass er sich blamiert hatte. Der Song war ein Ostsong! Ein Ostsong von der schlimmsten Sorte!

Die Tanzfläche leerte sich schlagartig. Miriam und ihre Freundin unterbrachen einen Augenblick ihr Geschnatter. Miriam sah ihn an, *kicherte* und sprach weiter mit ihrer Freundin.

Micha blieb stehen, aber sie tat, als gäbe es ihn nicht. Er musste wieder zurück. Die ganze Schule starrte ihn an, als er quer durch die Disco ging.

Wuschel sagte: »Das ist ein tapferer Mann.« Und damit war gesagt, was alle dachten. Micha war der erste, der es gewagt hatte.

Er hatte Miriam zum Tanzen aufgefordert! Micha saß von nun an wie leblos auf seinem Stuhl, bis plötzlich etwas geschah. Eine Unruhe griff um sich. Mario stieß Micha an, Brille nahm seine Brille ab und putzte sie nervös, dem Dicken klappte der Mund auf.

»Das gibt es doch gar nicht.«

Miriam tanzte.

Sie tanzte mit jemandem. Diesen Jemand kannte niemand. Er war einfach so hereinge-

---

kichern, leise lachen

kommen mit ein paar Freunden und hatte Miriam aufgefordert. Seine Freunde hatten die anderen Mädchen aufgefordert.

Und dazu hatten sie sogar einen langsamen Titel. Einen langen, schönen, langsamen Titel. Den langen, langsamen Titel.

Wer je das Glück hat, zu diesem Titel zu tanzen, der wird es nie vergessen. Er wird sein ganzes Leben lang die Menschheit einteilen in die, die das erlebt haben, und die, die es nicht erlebt haben.

Mariam tanzte nicht nur mit dem Fremden. Sie begann auch mit ihm *rumzuknutschen*, und zwar heftig.

Micha sah es, die Clique sah es, alle sahen es. Bis plötzlich das Licht anging und die Schuldirektorin Erdmute Löffeling im Saal stand. Der Knutscher trug ein T-Shirt vom John-F.-Kennedy-Gymnasium: Miriam hatte sich mit einem Westberliner rumgeknutscht.

Die Schuldirektorin machte eine Riesenszene. Der Westberliner wurde auf der Stelle herausgeschmissen, Miriam wurde zu einem Diskussionsbeitrag verdonnert, und Micha war damit der Mann der Stunde.

---

rumknutschen, hier: ohne ernste Gefühle jemanden umarmen und küssen

In den folgenden Tagen setzten bei allen Jungs aus den oberen Klassen fieberhafte Aktivitäten ein. Alle kannten nur ein Ziel: Jeder wollte etwas ausfressen und sich dadurch zu einem Diskussionsbeitrag verdonnern lassen.

So gab es in den folgenden Tagen immer wieder Episoden, wo Schüler normalerweise zu einem Diskussionsbeitrag verdonnert wurden.

Weil aber mit zwei Verdonnerten schon eine Grenze erreicht war, bekam Wuschel im Physikunterricht zwar eine Fünf, aber zu einem Diskussionsbeitrag wurde er nicht verdonnert. Im Sportunterricht musste Mario fünfzig *Liegestützen* machen. Zu einem Diskussionsbeitrag wurde aber auch er nicht verdonnert. Der Dicke wurde nur dazu verdonnert, am 7. Oktober die große Fahne zu tragen, was sich als echte Strafe herausstellte, denn am 7. Oktober goss es in Strömen. Und das Banner, das schon schwer genug war, wurde im Regen noch schwerer.

Micha blieb also der Einzige, der zu einem Diskussionsbeitrag verdonnert wurde. Und Miriam natürlich.

| *die Liegestütze*, harte gymnastische Übung

Kapitel 5

Die Begegnung der beiden fand im Dunkeln statt, hinter der Bühne. Miriam war, wie immer, zu spät. Die Versammlung im Saal lief schon eine ganze Weile. Der einzige, der bei einer endlos langen Rede nicht mit dem Schlaf kämpfen musste, war Micha - aber der wartete hinter der Bühne.

Dann kam Miriam, kichernd und ohne *FDJ*-Hemd, und flüsterte: »Oh, ich bin spät, ich bin spät. Bin ich hier überhaupt richtig?«

Micha war so aufgeregt, dass er ihr sagen wollte, sie sei überall richtig. Doch da er kaum sprechen konnte, flüsterte er nur: »Ja. Richtig.«

Noch nie war er ihr so nah. Miriam sah Micha einen Moment an, drehte ihm dann den Rücken zu und zog sich das T-Shirt aus. Sie hatte nichts darunter.

»Nicht gucken!«, flüsterte sie kichernd, und Micha vergaß zu atmen. Miriam zog ihr FDJ-Hemd an. Sie hatte noch nicht alle Knöpfe geschlossen, als sie sich wieder zu Micha umdrehte.

»Und?« flüsterte Miriam. »Hast du auch was ausgefressen?«

FDJ, Freie Deutsche Jugend, sozialistische Organisation für 14 bis 25-Jährige, siehe Seite 26

»Wie?«, fragte Micha, der nicht verstand, was sie meinte.

»Na, wegen irgendetwas werden sie dich doch verdonnert haben?«

»Ach so, ja, natürlich!«, sagte Micha. »Ich habe Lenin angegriffen, dazu auch noch die Arbeiterklasse und die Partei. Du kannst dir ja vorstellen, was da los war.«

»Die im Westen küssen ganz anders,« unterbrach sie ihn mit einem romantischen Klang in der Stimme und Micha verstummte.

»Ich würde es ja gern jemandem zeigen«, flüsterte sie und kicherte wieder. Dann hörte sie plötzlich auf - als wäre ihr eben eine Idee gekommen.

Micha ahnte, welche Idee ihr gekommen war. In der Dunkelheit sah er ihre vollen Lippen feucht glänzen. Sie näherte sich ihm langsam. Er bemerkte, dass sich im FDJ-Hemd zwei aufregend volle Brüste hoben und senkten. Er roch ihren sanften, blumigen Geruch. Er schloss die Augen und dachte: Das glaubt mir keiner…

Ausgerechnet in diesem Augenblick wurde im Saal die Rede fertig und Miriam wurde ans *Rednerpult* gerufen. Es war dunkel hinter der

| *das Rednerpult*, siehe Seite 26

Bühne, aber nicht so dunkel, dass Miriam nicht Michas enttäuschten Blick bemerkte.

»Irgendwann zeige ich es dir!«, sagte sie mit einem letzten Kichern und ging auf die Bühne.

Sie hielt eine Rede, in der sie bekannte, dass sie besonders die Jungs für männlich halte, die drei Jahre zur Armee gehen würden. Einem solchen Mann würde sie natürlich auch drei Jahre treu bleiben. Die Schuldirektorin Erdmute Löffeling bewegte wohlwollend den Kopf.

Nur Micha konnte sehen, dass Miriam hinter dem Rücken die Finger gekreuzt hatte.

Micha war von Miriams Beinahe-Kuss hinter der Bühne so außer sich, dass er schon nach wenigen Sätzen seiner Rede von dem vorbereiteten Manuskript abkam.

»Die Gedanken der Theoretiker«, sagte er, »waren belebt von einer großen Liebe«.

In dem Augenblick, in dem Micha dieses Wort aussprach, begannen seine Augen zu leuchten. Er verlor völlig die Kontrolle. »Einer Liebe, die sie stark machte, so dass sie frei und glücklich über diese herrliche Welt flogen, über prachtvolle Wiesen voll von duftenden Blumen, die in den schönsten Farben blühten … «.

Der Dicke sah sich unruhig um und fragte

leise: »Hat dem einer etwas ins Essen getan?«
Mario flüsterte zurück: »Wenn ja, dann hätte ich auch gern was davon.«

Nach der Versammlung ging Micha auf Miriam zu und sagte ihr so, dass es niemand hören konnte: »Ich habe gesehen, wie du bei deiner Rede die Finger gekreuzt hast.«
»Ja?«, antwortete Miriam. »Dann haben wir jetzt ein Geheimnis.« Sie ließ Micha stehen und lief schnell zum Ausgang. Micha lief ihr hinterher, aber er sah sie nur noch als Beifahrerin auf einem Motorrad verschwinden. Seine gute Laune blieb trotzdem, auch als der ABV seinen Personalausweis kontrollierte.
Sie hat mir einen Kuss versprochen, sie hat mir einen Kuss versprochen, jubelte es in ihm auf dem ganzen Nachhauseweg. Aber weil er wusste, dass ihn seine Mutter vom Küchenfenster aus sah, versuchte er sich nichts anmerken zu lassen.

Kapitel 6

Michas Mutter hieß Doris, und sie sagte gern von sich: »Ich halte doch den ganzen Laden zusammen!« Und so war es auch.
Zu dem ganzen Laden gehörten auch Mi-

chas Geschwister, Bernd und Sabine, die beide älter waren als Micha.

Bernd war bei der Armee, obwohl er beinahe vergessen wurde. Er hatte einen sehr merkwürdigen Geburtstag, den 29. Februar. Für die Armee hatte wohl jeder Februar nur achtundzwanzig Tage. Bernd hatte nämlich keine Aufforderung zu der *Musterung* bekommen.

Als dann in der Zeitung eine Bekanntmachung für die Musterung stand, wollte Bernd einfach tun, als hätte er sie nicht gelesen.

»Niemand kann von mir verlangen, dass ich jeden Tag die Zeitung lese! Vielleicht merken die gar nichts von mir und vergessen mich!«, sagte er.

Frau Kuppisch aber, die ein bisschen ängstlich war, meinte: »So was merken die immer!«

So ging Bernd dann doch dahin. Als er dort vor den Offizieren stand, breitete er die Zeitung aus mit den Worten: »Guten Tag, ich komme auf Ihre Annonce.«

Die Offiziere fanden das überhaupt nicht komisch.

Als Bernd von der Musterung kam, erzählte er nur, dass »die da alle so komisch sprechen.«

| *die Musterung*, Überprüfung, ob jemand für das Militär geeignet ist

Als er dann selbst bei der Armee war, drückte er sich auch komisch aus.

Wenn er auf Urlaub kam, lernten ihn die Kuppischs von einer ganz neuen Seite kennen. So fragte er nicht mehr: »Wann gibt es denn Abendbrot?«, sondern »Können wir bald Essen fassen?« Und wenn er gefragt wurde, wie es im Theater war, dann antwortete er so: »Nach dem Einrücken in den Zuschauerraum *bezog* ich in Reihe acht meine *Stellung*.«

Natürlich waren seine Leute beunruhigt, aber sie ließen sich nichts anmerken. Das wird schon wieder werden, dachten sie.

Obwohl Bernd bei der Armee war, blieb es in der engen Wohnung genau so eng wie vorher. Es war ein anstrengendes Zuhause, fand Micha.

Herr Kuppisch war Straßenbahnfahrer und musste deshalb oft schon in der Nacht aufstehen. Und weil er so unregelmäßige Arbeitszeiten hatte, wusste Micha auch nie, wann sein Vater Feierabend hat. Brilles Vater war Ingenieur und kam jeden Tag genau fünf Minuten vor fünf nach Hause. In Michas Augen war das fantastisch. Brille hatte auch keine Geschwister.

| *Stellung beziehen*, hier: militärischer Ausdruck für Platz nehmen

Micha hatte außer Bernd noch eine Schwester, die Sabine hieß. Die kam jetzt in das Alter mit dem festen Freund, den sie auch immer mitbrachte. Allerdings hatte Sabine das Prinzip des festen Freundes nicht ganz verstanden - sie hatte dauernd einen anderen festen Freund. Micha merkte sich nicht mal die Namen; er sagte nur »Sabines Aktueller«. Sabine liebte ihren Aktuellen immer so sehr, dass sie ihm alles nachmachte.

Einmal sah Herrn Kuppisch, wie Sabine einen *Parteiantrag* ausfüllte. Herr Kuppisch regte sich auf, aber Sabine zeigte entschuldigend auf ihren Aktuellen: »Er ist doch auch in der Partei!«

»Und ich werde auch für sie *bürgen*«, erklärte ihr Aktueller. »Nicht wahr, ich werde für dich bürgen!« Sabine nickte freudig, aber Herr Kuppisch setzte dem ein Ende, indem er Sabines Parteiantrag einfach wegnahm, ihn *zusammenknüllte* und unter den wippenden Tisch steckte.

So eng die Wohnung auch war - ein großer *Sessel* hatte trotzdem Platz. Dieser Sessel war

---

der *Parteiantrag*, schriftliche Bitte um Mitgliedschaft in der Partei
bürgen, für jemanden/etwas garantieren
zusammenknüllen, mit der Hand zusammendrücken
der *Sessel*, siehe Seite 32

der Stammplatz von Onkel Heinz, dem Westonkel. Er schien sich in diesem Sessel wohl zu fühlen, denn er kam oft zu Besuch.

der Sessel

Herr Kuppisch las die »Berliner Zeitung«, nicht das »Neue Deutschland«. Das eine war eine Zeitung mit viel Lokalem. Das andere war das Zentralorgan der Partei.

Frau Kuppisch kam dahinter, dass in allen Zeitungen im Grunde dasselbe stand wie einen Tag früher im ND. Sie wollte ihren Mann überreden, zum ND zu wechseln. Aber Herr Kuppisch wollte nicht: »Ich will doch diesen *Mist* nicht lesen!«

»Aber unser Nachbar liest auch das ND!«, meinte Frau Kuppisch. »Da kann es doch nicht so schlimm sein.«

»Der ist doch auch bei der Stasi!«, meinte Herr Kuppisch.

»Woher willst du das wissen?«

»Weil er das ND liest!« Herr Kuppisch fand

---

der Mist, hier: Unsinn

dauernd Beweise, dass sein Nachbar bei der *Stasi* ist. Frau Kuppisch war sich da nicht so sicher. Und so gab es endlose Diskussionen.

Er: »Außerdem haben sie Telefon.«
Sie: »Aber das beweist doch gar nichts!«
Er: »Ach nein? Sind wir etwa bei der Stasi?«
Sie: »Natürlich nicht.«
Er: »Und haben wir Telefon? Na?«
»Nein, aber ... «
Nun fiel Frau Kuppisch nichts mehr ein. Familie Kuppisch hatte wirklich kein Telefon.

»Ich schreib eine *Eingabe*«, sagte Herr Kuppisch.

»Aber vorsichtig, Horst, mach vorsichtig«, sagte Frau Kuppisch.

Onkel Heinz, der Westonkel, hatte noch nie etwas von Eingaben gehört. »Was ist das, eine Eingabe?«

»Das ist das Einzige, wovor die da oben noch Angst haben!«, rief Herr Kuppisch und rollte die Augen. »Wenn ich morgens ins Bad komme und merke, dass Wasser abgestellt ist ... «

»Ach«, unterbrach Micha, »eine Eingabe ist einfach nur eine Beschwerde.«

»Beschwerde, Beschwerde«, sagte Frau Kuppisch. »Als ob wir uns beschweren.«

die Stasi, Ministerium für Staatssicherheit, Geheime Polizei und Nachrichtendienst der DDR
die Eingabe, Klage

»Na klar beschweren wir uns!«, erklärte Herr Kuppisch.

»Nein!«, sagte Frau Kuppisch. »Wir fragen nach ... oder wir bitten darum, dass ... Aber beschweren? Wir? Uns? Niemals!«

Kapitel 7

Onkel Heinz war der Bruder von Frau Kuppisch und wohnte auch in der Sonnenallee - allerdings am langen Ende. Er wusste, was er als Westonkel seinen Verwandten schuldig war.

»Guckt mal, was ich schon wieder *geschmuggelt* habe«, sagte er immer zur Begrüßung mit gesenkter Stimme.

Was Heinz mitbrachte, war grundsätzlich geschmuggelt. Er steckte sich Schokolade in die Socken oder stopfte eine *Tüte Gummibärchen* in die Unterhose. An der Grenze war er jedes Mal schrecklich nervös.

»Heinz, das ist alles legal!«, hatte ihm Micha schon hundertmal erklärt. »Gummibärchen darfst du!«

Micha wollte, dass Heinz mal eine Platte mitbringt. Heinz waren solche Aktionen zu

---

schmuggeln, etwas ohne Erlaubnis über die Grenze bringen
die Tüte Gummibärchen, Süßigkeit in Form kleiner Bärchen

gefährlich. Er wusste, was Schmugglern droht. »Fünfundzwanzig Jahre Sibirien für ein halbes Pfund Kaffee!«

Wenn Heinz im großen Sessel in dem engen Wohnzimmer Platz genommen hatte, klagte er jedes Mal. »Die reinste Todeszelle ist das!«
Er hatte schon vor Jahren gesehen, dass hinter der Heizung *Asbest* war und damals ausgerufen: »Asbest, ihr habt Asbest! Das gibt *Lungenkrebs*!«
Herr Kuppisch, der noch nie das Wort Asbest gehört hatte, rief: »Ich mach eine Eingabe!«
Frau Kuppisch rief: »Aber vorsichtig, Horst, mach vorsichtig!«
Herr Kuppisch schrieb wie immer keine Eingabe, und der Asbest wurde langsam vergessen, auch wenn Heinz jedes Mal, wenn er zu Besuch kam, daran erinnerte: »Die reinste Todeszelle ist das!«

Heinz hatte einmal Schuhe für Frau Kuppisch geschmuggelt, die mit Zeitungspapier ausgestopft waren. Als Herr Kuppisch neugierig die zusammengeknüllte Bild-Zeitung glättete und

---

der Asbest, feuerfester Stoff, dessen Staub schädlich ist
der Lungenkrebs, sehr ernste Krankheit

zu lesen begann, wurde er blass. »Hier«, sagte er und zeigte auf eine fette Überschrift: Nach 15 Jahren tot. Asbest macht Krebs!

»Ich hab es doch gesagt!«, rief Onkel Heinz.

Frau Kuppisch begann nachzurechnen. Herr Kuppisch, Micha und Sabine rechneten mit.

»Wir sind hier eingezogen ...«

»Warte mal ...«

»Na ja ... vor fünfzehn ...«

»Nein, länger ...«

»Nix! Wenn wir den Urlaub nicht mitrechnen ...«

» ... und die Zeit, die wir nicht zu Hause sind. Micha, Sabine, ihr seid doch immer sechs Stunden in der Schule gewesen?«

»Ich komme auf nicht ganz ... fünfzehn Jahre.«

Fünfzehn Jahre. Auf dem Tisch lag die geglättete Bild-Zeitung. In der stand ganz dick, dass der Asbest nach fünfzehn Jahren den tödlichen Lungenkrebs bringt.

»Ich schreib eine Eingabe«, sagte Herr Kuppisch mit leiser Stimme.

Frau Kuppisch rief: »Aber vorsichtig, Horst, mach vorsichtig! Meinst du, die lassen Micha in Moskau studieren, wenn wir uns dauernd beschweren?«

»Der will in Moskau studieren?«, fragte

Heinz. »Aber der gehört nach *Harvard*! Nach Russland geht man doch nur mit einer Maschinenpistole unter dem Arm oder einer Kugel am Bein!«

Micha wollte nicht unbedingt in Moskau studieren. Seine Mutter hatte das bestimmt. Um in Moskau zu studieren, musste Micha in eine Vorbereitungsklasse auf einer besonderen Schule, die »Rotes Kloster« hieß. Und um auf das Rote Kloster zu kommen, musste er ein *hervorragender* Schüler sein. Er musste ein hervorragendes Berufsziel und eine hervorragende politische Einstellung haben. Ein hervorragendes Verhalten, hervorragende Freunde und eine hervorragende Familie musste er auch noch haben.

»Wir müssen alle für einen tadellosen Ruf sorgen«, sagte Frau Kuppisch. Sie wusste, worum es ging. »Horst! Du liest nicht mehr die Berliner Zeitung, sondern das Neue Deutschland.«

»Was, das ND? Das ist doch so groß!«

»Eben, dann sehen es auch alle!«

»Aber, so eng wie das hier ist! Sag mir mal, wie ich überhaupt das ND aufschlagen soll!«

Harvard, bedeutendste Universität der USA
hervorragend, glänzend

»Dann setz dich ans Fenster. Da sieht dich jeder. Wenn die Stasi zu unseren Nachbarn kommt und die nach uns ausfragt, dann sagen sie, dass bei uns das ND gelesen wird. Dann ist alles in Ordnung. Micha kann aufs Rote Kloster und dann in Moskau studieren.«

»Die Stasi kommt nicht zu unseren Nachbarn, weil unsere Nachbarn die Stasi sind!«, erklärte Herr Kuppisch.

»Ja, ja, was du wieder weißt«, sagte Frau Kuppisch.

»Klar weiß ich das! Ihr Auto wurde in nur einer Woche repariert!«

Micha wusste wirklich nicht, was er werden sollte. Wenn er am Platz herumhing, hörte er Brille und Mario darüber diskutieren.

Mario: »Was ist mit Architektur?«

Brille: »Um Häuser zu bauen, die so aussehen, wie es die SED will?«

Brille wusste sogar, dass das Studium der Frühgeschichte nicht unpolitisch war. Da lernte man, wie die Menschen sich schon damals nach der SED gesehnt haben.

Diese Diskussionen fanden meist ein Ende, wenn ein Touristenbus über die Grenze in den

---

SED, Sozialistische Einheitspartei Deutschlands

Osten gerollt kam. Dann rannten Mario und Micha auf den Bus zu, streckten die Hände bettelnd vor, rissen die Augen auf und riefen: »Hunger! Hunger!«

Die Touristen waren schockiert über die Zustände hinter dem *Eisernen Vorhang*. Sie machten Fotos, und wenn der Bus verschwunden war, lachten sich Mario und Micha halbtot. Sie stellten sich vor, wie in Pittsburgh, Osaka oder Barcelona ihre Bilder herumgezeigt wurden.

Die anderen vom Platz hatten keine Lust mitzumachen. Mario und Micha dagegen übertrieben immer mehr, wenn Touristenbusse kamen. Sie *angelten* etwas aus den Papierkörben und kämpften darum oder um ein Salatblatt, das vor dem Gemüseladen lag. Natürlich hofften sie bei ihrer »Hunger! Hunger!« - Show von Miriam gesehen zu werden. Denn Miriam wollten sie zum Lachen bringen. Aber Miriam war nie in der Nähe, wenn ein Touristenbus über die Grenze kam.

---

der Eiserne Vorhang, hier: Grenze zum Osten
angeln, fangen

Kapitel 8

Micha war seit dem Kuss-Versprechen nur einmal mit Miriam zusammengetroffen. Sie gingen zusammen ein Stück die Straße hinab, und Micha wusste nicht, worüber er mit ihr reden sollte. Er dachte an den Asbest und sagte nur: »Ich hab nicht mehr lange zu leben.«

Für einen roten Monteverdi Hai hatte er von Miriams kleinem Bruder die Information bekommen, dass sich Miriam zur Tanzschule angemeldet hatte.

Er war so unvorsichtig, das am Platz zu erzählen. Und gleich meldeten sich Mario, Brille und der Dicke auch zur Tanzschule an. Micha wollte nicht, weil er nicht tanzen konnte.

Er ging zwar zur Tanzschule, aber er meldete sich nicht an. Er bemerkte, dass er durch die Fensterscheiben in die Tanzschule sehen konnte, und er versteckte sich und beobachtete heimlich den Tanzsaal. Er sah, dass die Herren sich erheben mussten und die Damen auffordern.

Micha wurde in dem Moment klar, dass Tanzschule auch bedeutet, dass er Miriam sehr, sehr nah sein würde.

Dann war die Tanzstunde zu Ende und Micha sah, wie die Tanzschüler sich auf der

Straße voneinander verabschiedeten. Vielleicht, dachte er, sind Tanzstunden doch nicht so schlimm - und er meldete sich an.

Es war noch viel schlimmer, als er gedacht hatte. Nach Meinung seiner Mutter musste Micha für die Tanzschule seine guten Sachen anziehen. Die einzigen guten Sachen, die Micha hatte, war der Anzug von der *Jugendweihe*. Aber Micha war in einem Jahr zehn Zentimeter gewachsen.
Für Micha war es eine schwere Zeit.
Als die Tanzlehrerin die Herren aufforderte, die Damen zum ersten Tanz zu bitten, gab es einen Sturmangriff auf Miriam.
Micha war als Erster bei ihr. Er war der Erste, der seinen Arm um ihre Hüfte legen, ihre Hand fassen und ihr in die Augen sehen konnte. Micha hatte nicht geglaubt, wie glücklich es ihn machen würde, sie einfach nur zu halten. Er fühlte ihren weichen Körper, ihren Atem und den Duft ihrer Haare.
Doch dann begann der Tanz, und es war vorbei mit der Romantik. Micha konnte kein bisschen tanzen. Er stand Miriam auf den Füßen, und sie wünschte sich schon nach zwei Minuten, ihn wieder loszuwerden.

| *die Jugendweihe*, frei-religiöse Feier anstelle einer Konfirmation

Ihr Wunsch ging in Erfüllung. Micha musste Miriam nach dem Tanz an den nächsten Partner abgeben. Der war auch nicht besser. So ging das immer weiter. Alle wollten mit Miriam tanzen, aber jeder sprang ihr auf den Füßen herum.

Die Tanzstunden nahmen immer den gleichen Verlauf, Woche für Woche: Nach jedem Tanz wurde gewechselt - der Reihe nach. Bis zu dem Zeitpunkt, wo Micha sich in jeder Tanzstunde den letzten Tanz mit Miriam sicherte.

Er war klug genug, seine neue Taktik geheim zu halten. Er hatte beobachtet, dass es für jede Tanzstunde einen vorbereiteten Plattenstapel gab. Also musste er nur vor den Tanzstunden die Platten zählen, um herauszufinden, wie viele Titel gespielt würden. Und dann musste er nur noch, beginnend bei Miriam, die Stühle mit den Damen abzählen. Dann wusste er, mit welcher der Damen er anfangen musste, um den letzten Tanz mit Miriam zu haben.

Wenn mit neun Titeln Foxtrott geübt wurde, dann konnte Micha mit acht Partnerinnen üben. Es machte ihm nicht aus, sie zu treten. Wenn es mitten im Tanz *krachte*, dann wussten alle, dass wieder einmal Michas Tanzpartnerin

---

| *krachen*, ein lautes Geräusch machen

zu Boden ging.

Micha hatte bald einen fürchterlichen Ruf. Aber er betrachtete seine acht Partnerinnen vor Miriam ganz einfach als Übungsmaterial. Erst beim letzten Tanz, bei dem mit Miriam, wollte er gut sein. Und das gelang ihm.

Nach der letzten Tanzstunde fragte sie ihn, ob er sie zum Abschlussball gern an seiner Seite hätte.

Genau so hatte sich Micha das ausgedacht.

Kapitel 9

Wuschel ging nicht zur Tanzschule. So was interessierte ihn nicht. Wuschel interessierte sich auch sonst für nichts, nur für Musik. Und für Musik interessierte er sich auch nur dann, wenn sie von den Rolling Stones war.

Während die anderen vom Platz zur Tanzschule gingen, versuchte er, auf die Spur der »Exile on Main Street« zu kommen. Das war das Doppelalbum der Rolling Stones. Er hatte die Adresse von einem Hippie, der in Straußberg wohnte und jetzt die »Exile« besitzen sollte.

Wuschel fuhr mit seinem Rad nach Straußberg, suchte und fand den Hippie.

»Wer bist denn du, Mann«, fragte der Hippie.

»Ich habe deine Adresse von Franki«, sagte Wuschel.

»Ja, Mann, kenne ich, Mann, ist aus Berlin, Mann. Verrückte Stadt, Mann, mit einem Fernsehturm in der Mitte. Und, Mann, was führt dich zu mir?«

»Na, du hast doch die Exile on Main Street.«

»Nee, Mann, so darfst du das nicht sehen, Mann. Die hatte ich, klar, von Franki. Aber, Mann, weißt du, die Dinge müssen doch in Bewegung bleiben. Also, hier wirst du die Exile nicht finden!«

Aber Wuschel fand heraus, mit wem der Hippie die Platten getauscht hatte. Jemand, der Bergmann heißt, sollte die Platte besitzen, so sagte der Straußberger Hippie.

Wuschel fuhr zurück nach Berlin und verfolgte die Spur.

Bergmann war ein ängstlicher Typ. Er fürchtete Hausdurchsuchungen. Deshalb hatte er seine Platten, die er für gefährlich hielt, in unschuldige *Cover* gesteckt. Um die Exile verstecken zu können, hatte er sich sogar zwei Platten von einem sowjetischen Armee-Chor gekauft. Die Exile war ein Doppelalbum und

---

| *das Cover*, Schallplattenumschlag

brauchte zwei Cover.

Natürlich wunderte sich seine Freundin darüber, dass bei ihm sowjetische Chöre in der Plattensammlung standen.

Und dann kam Bergmann zur Armee, wo der eine harte Schlag nach dem anderen folgte. Dauernd wurde ihm der Urlaub gestrichen. Und einmal kam er sogar für zehn Tage ins Gefängnis.

Seine Freundin wartete zu Hause auf ihn mit Wein und im Unterrock. Doch anstatt Bergmann kam wieder nur der Telegrammbote. Darüber regte Bergmanns Freundin sich so auf, dass sie den Wein allein trank und noch im Unterrock Bergmanns zwei Armeeplatten kurz und klein schlug. Und weil ihr vor Wut Tränen in den Augen standen, sah sie nicht, was sie wirklich kaputt schlug.

Auch Wuschel kamen die Tränen, als er hörte, welches Ende die »Exile on Main Street« genommen hatte.

Micha hatte keine Westplatten - trotz Westonkel. Platten ließen sich nicht in der Unterhose schmuggeln, und für solche Abenteuer wie doppelter Boden war Onkel Heinz nicht der Typ. Einmal als der Grenzer triumphierend mit dem Pass *wedelte*, blieb Heinz das

| *wedeln*, etwas Leichtes hin- und her bewegen

Herz fast stehen.

»Wissen Sie, was ich glaube?«, sagte der Grenzer, als er die vielen Einreise*stempel* sah. »Wissen Sie, was ich glaube? Jemand, der so oft kommt wie Sie, wissen Sie, was ich da denke?«

Heinz schüttelte nur stumm den Kopf. Dieses Mal hatte er sich eine Keksrolle mit Tesafilm ans Bein geklebt.

Der Grenzer holte ihn in die Zollbaracke, und Heinz wusste: Das ist das Ende. Von jetzt an nur noch *gesiebte* Luft. Er streckte sogar seine Hände vor, für die *Handschellen*. Lieber gleich alles gestehen.

»Jemand, der so oft kommt wie Sie«, sagte der Grenzer und senkte die Stimme, »der ist bestimmt ein Freund unserer Ordnung!«

Heinz nickte sicherheitshalber.

Der Grenzer flüsterte: »Ich werde Ihnen mal etwas zeigen. Aber - psst!«

Er schlug eine Decke zurück, und zum Vorschein kam eine riesige *konfiszierte* japanische Stereoanlage mit Boxen und jeder Menge Funktionstasten. Triumphierend baute sich der Grenzer neben der Anlage auf und fragte stolz: »Und?«

der Stempel, siehe Seite 13
sieben, hier: durch Gitter durchlassen
die Handschelle, siehe Seite 13
konfiszieren, etwas auf Grund einer Vorschrift wegnehmen

Darauf wusste Heinz nichts zu sagen, aber das wurde auch nicht erwartet.

»Na, gucken Sie sich doch das mal an!«, sagte der Grenzer. »Ist doch viel zu kompliziert! Und so was bauen die da drüben! Aber wir … «

Und nun präsentierte der Grenzer das Zimmerradio »Fichtelberg«. Es hatte vier Knöpfe, drei große und einen kleinen, eine Skala und einen Lautsprecher.

»Das ist doch was!«, sagte der Grenzer stolz. »Damit kommen alle klar, das sage ich Ihnen. Hier: ein einziger Schalter für Ein / Aus und die Lautstärke! Und der Lautsprecher ist gleich eingebaut. Kein unnötiges Material also! Während wir den Sozialismus aufbauen, baut ihr Radios, die kein Mensch bedienen kann. Haha!«

Heinz, der sich noch vor einer Minute nach Sibirien verschwinden sah, ahnte, dass es sich hier um ein Missverständnis handelte, zu seinen Gunsten.

Der Grenzer hörte gar nicht auf, das Fichtelberg-Radio zu preisen, aber Heinz wollte nur schnell raus aus dieser Baracke.

Er fragte sich, ob Familie Kuppisch jemals verstehen würde, was es für ihn bedeutete, Mal für Mal über diese Grenze zu gehen, mit verbotenen Geschenken, die er an seinem Körper angebracht hatte. An Stellen, über die er wochenlang nachdachte. Niemals würde einer von den Kuppischs das Gefühl kennen lernen, das ein Onkel Heinz vor einem DDR-Grenzer hatte. Heinz würde natürlich niemals mit den Kuppischs und ihrem Leben in der Zone tauschen wollen. Aber dass die keine Ahnung von dem hatten, was er jedes Mal beim Grenzübertritt durchmachte, das fand Heinz ungerecht.

Eines Tages, als Heinz wieder in den Osten kam, führte ihn der Grenzer treuherzig an den weißen Strich, der die Grenze zeigte.

Dieser Strich war gerade erneuert worden, und der Grenzer erzählte Heinz ganz leise, dass der neue Strich zehn Zentimeter weiter westlich lief. Wenn der Strich alle zwei Jahre erneuert und jedes Mal um zehn Zentimeter nach Westen verschoben würde, dann würde Osteuropa in siebzig Millionen Jahren bis zur Atlantikküste gehen, »und wenn wir jedes Jahr den Strich erneuern, schaffen wir es in der halben Zeit!«

Heinz wusste gar nicht, was er antworten sollte. Er überlegte, ob er sich mit erhobener Faust verabschieden sollte, aber er ließ es bleiben.

Warum sich Kommunisten überhaupt mit

erhobenen Fäusten grüßen, hatte Heinz nie begriffen.

Kapitel 10

Wenn Heinz bei der Familie seiner Schwester zu Besuch war, geschah fast immer etwas, was ihn schockierte. Dieses Mal traf ihn fast der Schlag, als er seine Schwester begrüßte. Frau Kuppisch machte sich vor dem Spiegel zurecht, aber sie schien auf einmal zwanzig Jahre gealtert.

Herr Kuppisch kommentierte verärgert: »Jede Frau tut etwas, um jünger auszusehen, nur meine will offenbar älter aussehen!«

Heinz zeigte auf das Asbest hinter der Heizung und antwortete Herrn Kuppisch: »Sei froh, dass du sie noch so erlebst, denn so alt, wie sie aussieht, wird sie nie. Und selbst wenn, dann würdest du es nicht erleben!«

Frau Kuppisch konnte dieses Thema überhaupt nicht leiden. »Heinz, hör auf damit, das macht Mischa nur verrückt.« Micha protestierte. »Mama, warum nennst du mich Mischa? Ich heiße Micha!«

»Komm, das kann nicht schaden. Mischa ist russisch, und du willst doch in der Sowjetunion studieren!«

»Deshalb musst du mich doch nicht Mischa nennen. Ich sag doch auch nicht Mamutschka.«

»Wieso, ist doch nicht schlecht, wenn alle denken, dass wir Freunde der Sowjetunion sind«, sagte Frau Kuppisch.

»Ras, dwa, tri - Russen werden wie nie!«, erklärte Heinz.

Frau Kuppisch war es, die den Pass von der Bürgerin aus der Bundesrepublik, Helene Rumpel, gefunden hatte. Seitdem arbeitete sie an sich. Sie wollte so aussehen wie die Passinhaberin. Und als Helene Rumpel wollte sie durch die Sperre kommen.

Helene Rumpel war zwanzig Jahre älter als Frau Kuppisch - dieses Problem hatte Frau Kuppisch am Schminktisch gelöst. Frau Kuppisch hatte Kleider und Schuhe aus dem Westen und einen unbenutzten Westberliner Fahrschein. Auch die Unterschrift von Helene Rumpel konnte sie wie ihre eigene.

Eines Abends ging sie los, um im schwachen Abendlicht als Helene Rumpel durch die Kontrolle zu kommen.

Ängstlich, wie sie war, beobachtete sie zuerst aus sicherer Entfernung den Grenzübergang. Dort wollte ein junges Paar zurück nach Westberlin.

Als Frau Kuppisch sah, wie locker und selbstbewusst die beiden waren, wie laut sie redeten, wie sie lachten - als sie all das sah, wusste sie, dass ihr zu einem Westler mehr fehlt als nur der Pass, die Schuhe, die Kleider.

Und sie wusste, dass sie niemals so werden würde wie die. Und dass sie keine Chance hatte, über die Grenze vor ihrer Haustür zu kommen.

Frau Kuppisch ging wieder nach Hause. Was blieb ihr anderes übrig? Sie schämte sich allerdings nicht für ihre Ängstlichkeit. Sie hatte geahnt, dass sie nicht zu der selbstbewussten Hälfte der Menschheit gehörte. Aber nachdem sie keinen Grund mehr hatte, sich älter zu machen, wurde sie wieder wie früher.

Zu Hause setzte sie sich sofort an den Schminktisch. Herr Kuppisch wollte seinen Augen gar nicht trauen, als er heimkam. Frau Kuppisch wirkte sogar noch jünger als je zuvor. Das sagte jeder, der sie in den ersten Wochen nach ihrer Verjüngung sah.

Niemand konnte sich das erklären. Micha glaubte an einen heimlichen Geliebten, Sabine dachte an einen neuen Friseur. Heinz sah ein Zeichen für Lungenkrebs, denn bekanntlich werden Krebskranke optimistisch, wenn es aufs Ende zugeht.

Als Heinz das nächste Mal kam, war auch er

nicht wieder zu erkennen: Er hatte sich binnen fünf Wochen von 166 auf 131 Pfund heruntergehungert. Er hatte nichts gegessen, »weniger als im Lager in Sibirien!«

»Mensch, Heinz, komm, setzt dich an den Tisch«, sagte Frau Kuppisch besorgt. »Heinz, was hast du?« fragte Micha erschrocken, als er seinen Onkel sah.

»Nichts«, sagte Heinz, »ich hab was geschmuggelt!«

Unter seinem Anzug, der ihm lose am Körper hing, trug er noch einen zweiten Anzug.

»Der ist für dich!«, sagte Heinz feierlich zu Micha. »Damit du auf deiner Tanzschule gut aussiehst! Und jetzt werde ich mich ordentlich bei euch *durchfressen*, was!« Er lachte. »Zieh ihn an, ich will sehen, ob er passt!«, rief Heinz mit vollem Mund. »Micha, kannst du dir vorstellen, … wie oft ich in den letzten Wochen daran gedacht habe, … dass ich mich wieder so richtig satt fressen werde, … sobald ich erst deinen Anzug herüber geschmuggelt habe!«

Micha nickte. Er brachte es nicht übers Herz, Heinz zu sagen, dass es legal gewesen wäre, einen Anzug herüber zu bringen. Auch später, als Heinz längst wieder 166 Pfund wog und in den alten Anzug passte, vergaß Micha

---

durchfressen, sich bei jemand anderem satt essen

niemals, seinen Westonkel für den Anzugschmuggel zu loben.

So hatte Micha beim Abschlussball der Tanzschule nicht nur die schönste Partnerin. Er hatte auch den schönsten Anzug.
Miriam trug ein dunkelblaues Abendkleid, und auch Mario, Brille und der Dicke hatten sich so gut angezogen wie schon lange nicht mehr und wie auch lange Zeit danach nie wieder. Sie hatten sogar die Schuhe geputzt.
So tanzten noch einmal achtzig geputzte Schuhe über das Parkett. Aber Micha und Miriam waren das Paar. Micha führte Miriam in allen Tänzen und merkte, wie sie ihm mehr und mehr überließ - weil sie sich bei ihm sicher fühlte. Es war das erste Mal, dass in ihm eine Ahnung aufstieg, was es auch heißt, ein Mann zu sein.
Miriam genoss es, Micha in die Augen zu sehen und ihn dazu zu bringen, dass er außer ihr nichts bemerkte. So hörte er auch nicht das Brummen eines Motorrades, das draußen vor dem Ballsaal vorfuhr. Ausgerechnet beim Tango, dem Tanz, den Micha am besten konnte. Als der Tanz zu Ende war, verabschiedete sich Miriam von Micha.
»Wenn es am schönsten ist, soll man aufhören«, sagte sie nur und ließ ihn stehen.

Alle sahen es und keiner hätte in dem Moment mit Micha tauschen wollen. Bis eben war er noch der Prinz des Abends. Er lief auf die Straße und rief ihr hinterher: »Nein, wenn es am schönsten ist, kann man auch weitermachen!«

Aber da fuhr sie schon, den Motorradfahrer fest umschlungen, davon. Dass Micha ihr etwas hinterher rief, hörte sie nicht mehr.

Ein paar Tage später fand Micha im Briefkasten einen Brief, ohne Namen, ohne Absender, aber mit roten Herzchen zugeklebt. Er riss sofort den Brief aus dem Umschlag und ging aus dem Haus. Da stieß er mit dem ABV zusammen. Der Brief fiel Micha aus der Hand, und weil es ein windiger Tag war, flog er davon.

Micha wollte dem Brief hinterher rennen, aber der ABV griff ihn am Arm und wollte seinen Personalausweis kontrollieren. Der Brief wurde einfach weggeweht – bis in den Todesstreifen, wo er im Gebüsch landete.

Das konnte Micha aber nicht sehen. Er fand es erst später heraus, als er mit einem Spiegel, den er an einem *Besenstiel* ——

befestigt hatte, in den Todesstreifen guckte.

Diesen Brief gab er nicht einfach auf. Er versuchte von nun an alles, um an ihn heranzukommen.

Kapitel 11

Es war der erste Liebesbrief, den Micha bekommen hatte. Und der war im Todesstreifen gelandet.

Micha hatte keine Ahnung, was drinstand. Er wusste ja nicht mal, ob der Brief von Miriam war. Vielleicht hatte ihm eine von den Tanzpartnerinnen geschrieben. Vielleicht war der Brief auch gar nicht an Micha, sondern an seine Schwester Sabine.

Natürlich wünschte sich Micha um alles in der Welt, dass dieser Brief von Miriam war. Und in den nächsten Wochen und Monaten drehte sich bei Micha alles um diesen Brief. Er wollte unbedingt an ihn herankommen.

Miriam wollte er aber nicht fragen, denn er brachte es nicht fertig, zuzugeben, dass ihr Brief in den Todesstreifen geflogen war. Es war so lächerlich und eigentlich eine Beleidigung, glaubte Micha. Und wenn er nicht von Miriam ist und er sie nach einem Liebesbrief fragt, würde er sich auch lächerlich machen.

Zuerst versuchte Micha, nach dem Brief zu angeln. Er machte das zusammen mit Mario. Der hielt den Spiegel und dirigierte Michas Angel dorthin, wo er den Brief sah.

Sie benutzten aber keinen Angelhaken, sondern einen *Radiergummi*, der in Klebstoff getränkt war. Der klebrige Radiergummi sollte den Brief nur berühren. Dann wollten Mario und Micha ein paar Minuten warten, bis der Klebstoff fest war und sie den Brief über die Mauer holen konnten.

Mario war froh über Michas Erfolg bei Miriam. Er hatte auch gerade selbst eine Frau kennen gelernt. Sie sah aus, wie er sich immer eine Pariserin vorstellte: Mit roten Haaren unter einer Baskenmütze, Rollkragenpullover und einem Buch von *Sartre* unter dem Arm. Sie war Existentialistin durch und durch und ein paar Jahre älter als Mario, so Anfang Zwanzig

»Sie lächelt wie Mona Lisa!«, sagte Mario zu Micha, als sie an der Mauer darauf warteten, dass der Klebstoff trocknet.

Von denen, die am Platz herumhingen, war Mario der Erste, der es mit einer Frau hatte,

---

der Radiergummi, kleines Gummistück, womit man etwas mit Bleistift Geschriebenes entfernen kann
Sartre, 1905-1980, französischer Philosoph, Vertreter des Existentialismus

und Micha wollte alles genau wissen. Wie man es macht?

Mario stand auf und machte es vor. Er bewegte die Hüften und Micha stand auch auf und versuchte es nachzumachen.

»So?«, fragte er. Und dann standen sie sich gegenüber und bewegten beide die Hüften, und Micha fragte: Und wie lange muss man das machen?

Nachdem Mario diese Geschichte erzählt hatte, war der Klebstoff längst getrocknet.

Da das, was Mario erzählte, erst in der Nacht zuvor passierte, war er so müde, dass er im Spiegel eine weiße Plastiktüte für den Brief hielt.

Als Micha die Angel endlich einholte und nur eine Plastiktüte am Radiergummi klebte, da lachten wieder ganze Westschulklassen vom Aussichtsturm: »Gratuliere, Zoni, der Hauptgewinn! Eine Plastiktüte von drüben!«

Kapitel 12

Mario und Micha wurden drei Wochen später zu der Schuldirektorin Erdmute Löffeling kommandiert. Sie hatten keine Ahnung, weshalb. Das war kein gutes Zeichen, auch nicht, dass da einer saß, den sie nicht kannten.

Die Schuldirektorin Erdmute Löffeling blätterte kopfschüttelnd in einer Illustrierten aus dem Westen. Mario und Micha verstanden nicht, warum sie ihrer Direktorin beim Blättern in einer West-Illustrierten zusehen sollten.

Der Fremde sammelte sich, holte Luft und sagte verärgert: »Es gehört zu den unangenehmen Aufgaben eines Sekretärs der SED-Kreisleitung, regelmäßig den Feind lesen zu müssen.«

Er machte eine Pause, um Micha und Mario Zeit zu geben, die Bedeutung der eben gesagten Worte zu verstehen. Und Mario zeigte schnell Verständnis für den Parteifunktionär, indem er bemerkte: »Ja, das sind nun mal die Härten eines sonst doch recht schönen Berufs.«

Mario sagte das in einem so naiven Ton, dass der Sekretär der SED-Kreisleitung überhaupt nicht auf die Idee kam, Mario mache sich über ihn lustig. Aber als der Parteimensch Mario und Micha die Zeitung präsentierte, wurden sie stumm.

Sie begriffen sofort, worum es ging. Micha bekam Angst. In dem Moment, als Micha von der Illustrierten aufsah und in das versteinerte Gesicht der Schuldirektorin blickte, hatte er so große Angst vor ihr, dass sich seine Direktorin zu einem *Ungeheuer* verwandelte: Ihr Kopf war viel größer, als Micha je bemerkt hatte.

Was Mario und Micha in der Illustrierten sahen, war ein Foto, wie sie mit weit aufgerissenen Augen und bettelnd vorgestreckten Händen aufblickten. Unter dem ausdrucksstarken Foto stand: »Die Not im Osten - wie lange hält das Volk noch still?«

Unter einem langen strafenden Blick ließen der Parteimensch und die Direktorin Micha und Mario warten.

Plötzlich erklärte Micha selbstbewusst: »Da kann man mal sehen!« Und nach einer Kunstpause redete er weiter: »Da kann man mal sehen, wie die lügen! Und dass die zu solchen Lügen greifen müssen, zeigt doch schon, wie die am Ende sind. Ich wünsche mir noch mehr solche Lügen! Denn je schmutziger die Lügen, desto mehr am Ende ist der Gegner!«

Michas Argumente machten den Parteimenschen nachdenklich. Dass der Junge für schlechte Presse sorgte, war nicht erfreulich. Seine Analyse aber - alle Achtung!

Der Parteimensch fing sogar an, sich um Michas Zukunft Gedanken zu machen. Doch

---

das Ungeheuer, unheimliches Wesen

zuerst wurde Micha zu einem Diskussionsbeitrag verdonnert. Der Titel lautete: »Die Lüge, der Feind und der Klassenkampf.«

Micha war also wieder mal davongekommen. Der Parteimensch hatte die Illustrierte mit dem belastenden Foto zugeklappt und Micha sogar freundlich zugenickt, als Mario plötzlich aus Protest den Mund aufmachte. Aufgeregt sagte er: »Der Hunger nach Freiheit ist größer als der Hunger nach Brot! Das hat Sartre gesagt! Oder war es der Hunger nach Menschenrechten?« Mario war vor Aufregung ganz durcheinander, aber er wusste, was er wollte: Sich zu allem bekennen, was nicht erlaubt war - Sartre, Freiheit und Menschenrechte. Diese Worte waren so illegal, dass Mario sie eigentlich gar nicht kennen durfte.

Micha versuchte das Schlimmste zu verhindern. Ohne Erfolg. Der Parteimensch war eiskalt. Nun kam ein Wort ins Spiel, das niemand kannte: *Relegation*. Das Wort klang unbarmherzig, und alle verstanden, was gemeint war.

Die Existentialistin tröstete Mario und sagte: Bedeutende Menschen werden immer von der Schule geschmissen. Mario fand, dass ihn so ein Rausschmiss noch nicht zu einem bedeu-

| *die Relegation*, Verweisung

tenden Menschen machte, und da widersprach ihm die Existentialistin auch nicht. »Aber es ist der Anfang von etwas.«

Darin hatte sie Recht. Für Mario begann die schönste Zeit seines Lebens. Er konnte jeden Tag lange schlafen, er hatte eine Freundin, und er hatte keinen, der ihm Vorschriften machte. Er hatte nicht einmal einen, der versuchte, ihm Vorschriften zu machen.

Mario und die Existentialistin wurden ein Traumpaar. Sie machten alles, was andere immer nur wollen. Bei schönem Wetter fuhren sie baden, und bei schlechtem Wetter blieben sie im Bett. Sie fütterten sich manchmal zum Frühstück gegenseitig mit geschlossenen Augen. Sie gingen nie mehr allein ins Bett, nicht mal mehr allein unter die Dusche! Und manchmal sagten sie: So muss es im Paradies gewesen sein.

Sie lasen viel und diskutierten über die Bibel und die anderen Weltreligionen, über Sigmund Freud, Friedrich Nietzsche, Leo Trotzki und Rudolf Steiner.

Sie experimentierten mit dem Essen, indem sie neue Kochrezepte erfanden, ihr Brot selber backten und indem sie fasteten.

Kapitel 13

Micha ging mit Miriam oft den Weg vom S-Bahnhof zur Sonnenallee. Er nahm sich immer wieder vor, langsam zu gehen, um mehr Zeit mit ihr zu verbringen. Aber jedes Mal war er so aufgeregt, dass es damit nichts wurde.

Zum Glück geschah es nie, dass plötzlich der Motorradfahrer neben Miriam heranfuhr und sie ihm entführte.

Als sie sich das letzte Mal auf der Straße trafen, erzählte ihm Miriam, dass sie den Motorradfahrer nicht mehr sehen würde. Er war für drei Jahre zur Armee gegangen.

Wenn Miriam und Micha die Sonnenallee erreichten, trennten sie sich. Er ging zu der Seite mit den geraden, sie zu der Seite mit den ungeraden Nummern. Micha bekam bei diesen zufälligen Begegnungen nie heraus, ob der Liebesbrief, der noch immer im Todesstreifen lag, von Miriam war. Und natürlich hoffte er auch noch immer auf den versprochenen Kuss. Er wartete wie ein Bauer auf Regen.

Als sie sich eines Abends auf dem Heimweg begegneten, glaubte Micha, dass es jetzt soweit wäre. Es war der letzte Schultag vor den großen Ferien, und jeder würde wegfahren, Micha an die Ostsee, Miriam in die Hohe Tatra. Darüber musste Micha lachen - im Vorjahr war sie an der Ostsee und Micha in der Hohen Tatra.

Es war eine schöne warme Sommernacht. Die Luft war weich und alles war ruhig. Als sie an den Punkt anlangten, wo sich ihre Wege trennen, schien Miriam wieder nicht daran zu denken, Micha zu küssen.

»Du hast mir mal was versprochen!«, sagte Micha,

»Ja«, antwortete sie ruhig. »Aber ich habe gesagt: irgendwann.«

Micha musste schwer schlucken.

»Da kann ich ja ewig warten!«, rief er verzweifelt.

»Na und?«, fragte Miriam sanft. »Dann hast du immer etwas, worauf du dich freuen kannst. Wenn du weißt, dass ich dich irgendwann küssen werde, wirst du nie traurig sein müssen.«

Dann ging sie nach Hause.

Micha dachte den ganzen Sommer über diesen Satz nach. Wenn du weißt, dass ich dich irgendwann küssen werde, wirst du nie traurig sein müssen. Wer so was sagt, der versteht was vom Warten, Sehnen und Hoffen – also dem, womit wir die meiste Zeit zubringen.

Micha merkte, dass er, um bei Miriam eine Rolle zu spielen, reifer werden musste. Er erinnerte sich, dass er sich nie so reif gefühlt hatte, so erwachsen und männlich wie beim

Abschlussball. Er ahnte, dass er für den Kuss, den Miriam ihm versprochen hatte, erwachsen werden musste.

Er wusste nicht, worauf es genau hinausläuft, aber er wusste, dass es nicht leicht ist und auch nicht von heute auf morgen passiert.

Aber wie sagte Miriam: Er würde immer etwas haben, worauf er sich freuen konnte.

Und er freute sich darauf.

Einmal wurde Micha im Grenzgebiet verhaftet. Das war an dem Abend, als Familie Kuppisch endlich Telefon bekam. Sie saßen stolz um den Apparat herum und fühlten sich wie bei der *Bescherung*. Und plötzlich klingelte das Ding!

Herr Kuppisch wagte es, den Hörer abzunehmen. Er musste ihn aber an Micha weitergeben, für den der Anruf war.

»Ein Mädchen«, klärte Herr Kuppisch die neugierige Familie auf.

Es war Miriam. Micha wurde ganz verlegen und seine Leute nahmen überhaupt keine Rücksicht.

»Kannst du sie verstehen?«, fragte Frau Kuppisch.

»Und frag mal, ob sie dich versteht!«, rief

---

die Bescherung, an Weihnachten Geschenke geben und bekommen

Herr Kuppisch.

Weil alle zuhörten, sagte Micha nur »Mmh«, »Jo«, »Klar« und »Tschüs«, was Miriam natürlich überhaupt nicht verstand. Sie hatte sich ein bisschen mehr davon versprochen, wenn sie Micha mal anruft.

Micha rannte, nachdem er aufgelegt hatte, sofort aus der Wohnung, ohne Jacke und alles. Von der nächsten Telefonzelle aus rief er Miriam an.

»Es tut mir Leid«, sagte er, »aber alle haben zugehört … «

Miriam beruhigte ihn. »Macht nichts, ich dachte, dass du mal *rumkommst*«, sagte sie, aber Micha entschuldigte sich weiter, » … verstehst du, da konnte ich doch nicht sagen … «

»Klar«, sagte Miriam, »aber willst du mal rumkommen?«

Micha verstand immer noch nicht. »Wir haben nämlich erst heute Telefon gekriegt, und du warst die Erste, die anrief, da waren alle … «

»Und willst du jetzt rumkommen?«, fragte Miriam zum dritten Mal.

Micha glaubte, er höre nicht richtig. »Wie bitte?«, fragte er.

| *rumkommen*, kurz zu Besuch kommen

»Ich wollte nur wissen, ob du mal rumkommen willst«, sagte Miriam geduldig.

»Bis gleich!«, rief Micha, hängte den Hörer ein, rannte aus der Telefonzelle und dem ABV direkt in die Arme.

»Ausweis!«

Micha erschrak, weil er bemerkte, dass er den Ausweis in seiner Jacke gelassen hatte. Und die Jacke hing in der Wohnung.

»Ich hol ihn!«, rief Micha und wollte zurücklaufen.

Der ABV hielt ihn fest.

Micha versuchte sich loszumachen. Er kämpfte und schlug um sich, aber der ABV war einfach kräftiger. Micha holte sich eine blutige Nase.

Der ABV wusste, dass es bei Micha in dieser Nacht um alles ging, aber er hatte ja mit ihm noch ein Ding laufen, denn er war ja noch immer nicht Unterleutnant geworden.

Natürlich ging es nicht darum, wer Micha ist, wo er wohnt und wann er geboren wurde. Das wusste der ABV inzwischen besser als Michas Mutter.

Micha wurde mit der Begründung »Wer ohne Personaldokument im Grenzgebiet aufgegriffen wird, dem seine Personalien müssen an einem anderen Ort festgestellt werden« auf die Polizeiwache gebracht.

Im Laufe der Nacht nahm der ABV dann ein *Protokoll* auf. In das schrieb er, dass er eine männliche Person gegen 22 Uhr im Grenzgebiet aufgegriffen habe. Diese Person sei nicht im Besitz eines gültigen Personaldokuments gewesen. Diese Person habe flüchten wollen.

Der ABV wollte Micha damit nur beweisen, dass er auch bösartig werden konnte, aber Micha interessierte sich nicht für solche Feinheiten. Jetzt war ihm alles egal. Er kam nicht zu Miriam, obwohl sie ihn viermal dazu aufgefordert hatte.

Der ABV ließ Micha erst am nächsten Morgen wieder laufen. Die beiden waren jetzt quitt.

Kapitel 14

Für Micha war dieser Tag der Erste Tag im Roten Kloster. Es war auch sein Letzter. Er kam mit Verspätung. Die neuen Schüler standen im Halbkreis um die Direktorin, die mit unfreundlicher Miene ein Plakat betrachtete, das über den Schachklub des Roten Klosters infor-

| *das Protokoll*, siehe Seite 13

mierte. Das Plakat hatte die Form des Schachkönigs.

Die Direktorin ließ den Schüler herbeirufen, der das Plakat ausgehängt hatte, und fragte ihn streng: »Was haben Sie sich eigentlich dabei gedacht?«

Der Schüler wusste gar nicht, was er getan hatte, und stammelte: »Ich ... Schachklub ... informieren ... «

»Ja, ja, ja«, unterbrach ihn die Direktorin des Roten Klosters, und alle neuen Schüler sahen zu. »Selbstverständlich haben wir nichts dagegen, dass an dieser Schule Schach gespielt wird. Auch wenn die Erfinder dieses Spiels meinten, dass ein Bauer nicht genau so viel wert ist wie ein König.« Sie machte eine Kunstpause, damit jeder Schüler Zeit hatte, mal darüber nachzudenken.

Dann verdunkelte sich ihre Miene. Sie stach mit ihrem Zeigefinger genau auf die Spitze der Königsfigur, wo ein Kreuz war, und rief mit lauter Stimme: »Aber christlicher Symbolismus ist an dieser Schule verboten!«

Und genau in dem Augenblick, als sie verärgert auf das Kreuz in der Königskrone zeigte, kam Micha dazu. Er war außer Atem und ganz verschwitzt.

»Und was ist mit Ihnen?«

Micha war so außer Atem, dass er nur mit

Mühe antworten konnte: »Ich bin ... verhaftet worden ... im Grenzgebiet ... Ich wollte ja noch ... Ich hab mich ... «

»Raus!«, schrie ihn die Direktorin an.

Micha hatte schon genug gesehen. Er ging wieder nach Hause.

Seine Mutter brach in Tränen aus. Sie hatte alles versucht, um Micha aufs Rote Kloster und in die Sowjetunion zum Studium zu bringen. Frau Kuppisch hatte dafür gesorgt, dass zu allen Jahrestagen die Fahne draußen hängt. Sie hatte Quartiergäste aufgenommen, war Mitglied in der Elterngruppe geworden, hatte das ND abonniert und die Plastiktüten von Heinz nur mit der Schrift nach innen benutzt. Und nun war, schon am ersten Tag, alles vorbei.

Frau Kuppisch konnte nicht mehr. Sie weinte einen Tag und eine Nacht. Am nächsten Morgen sagte Herr Kuppisch: »Ich schreibe eine Eingabe.«

Und dann machte er etwas, was er noch nie gemacht hatte: Er setzte sich tatsächlich hin und schrieb eine Eingabe.

Nach zwei Wochen bekam Herr Kuppisch die Antwort. Er nahm Micha und Frau Kuppisch an die Hand und ging resolut ins Rote Kloster. Was Micha als Erstes auffiel: Das Schachplakat hatte jetzt die Form eines Bauern.

Herr Kuppisch wollte ins Direktorenzimmer. Die Sekretärin versuchte energisch, ihn davon abzuhalten, aber er kümmerte sich nicht darum.

Die Direktorin sah Herrn Kuppisch mit einem fragenden Blick an. Herr Kuppisch zog den Brief aus seiner Tasche und las vor: »Sehr geehrter ... und so weiter und so weiter ... Hier!«

Er hatte die Stelle gefunden, die er suchte, » ... haben wir ... dass die Relegierung zurückgenommen wird.« Mit einem triumphierenden Blick ließ Herr Kuppisch den Brief sinken.

»Wir haben nämlich eine Eingabe geschrieben!«, sagte er stolz. Er winkte Micha und Frau Kuppisch hinein, damit die Direktorin wusste, wer mit »wir« gemeint war.

Micha kam nicht. Frau Kuppisch sagte verlegen: »Micha musste noch mal. Das ist immer so, wenn er sich freut.« Das war gelogen, aber es war bereits ihre vorletzte Lüge. Sie würde nur noch ein einziges Mal Micha beschönigen.

Denn Micha war nicht auf der Toilette, weil er mal musste, und er freute sich kein bisschen. Er war im Waschraum verschwunden, um sich vor dem Spiegel unordentlich zu machen. Als er ins Direktorenzimmer kam, kaute er Kaugummi, seine Haare waren durcheinander und die drei oberen Knöpfe seines Hemdes waren geöffnet. Micha sah aus wie ein Schüler, der niemals auf dem Roten Kloster geduldet würde.

Frau Kuppisch begann zwar sofort, an ihm herumzumachen, aber Micha stieß sie mit einer Handbewegung zurück.

Frau Kuppisch warf einen unsicheren Blick auf die Direktorin, um herauszufinden, wie schlimm Michas Eindruck war, aber die Direktorin sagte nichts. Sie sah Micha an und Micha sah sie an. Niemand der beiden musste etwas sagen.

Frau Kuppisch versuchte das letzte Mal mit einer Lüge: »Mischa, wenn du jetzt in diese Schule gehst, musst du deinem sowjetischen Brieffreund schreiben, dass sich deine Adresse geändert hat.« Selbstverständlich hatte Micha keinen sowjetischen Brieffreund, und so sah er auch nicht aus.

Weil er und die Direktorin sich immer noch mit den Blicken anstarrten, wedelte Herr Kuppisch nervös mit dem Brief und forderte Micha auf: »Nun sag doch auch mal was!« Micha sagte etwas, das er von Onkel Heinz gehört hatte, und er verließ danach das Zimmer und die Schule. Was er sagte, war genug.

Frau Kuppisch brauchte sich auch keine Beschönigungen mehr einfallen lassen. Und sie war nach wenigen Minuten ganz froh über die Entscheidung ihres Sohnes. Anständige Eltern schicken ihre Kinder nicht auf eine Schule wie das Rote Kloster, dachte Frau Kuppisch. Auch Herr Kuppisch war bald bester Laune. Er brauchte nur an seine Eingabe zu denken, und schon füllte sich seine Brust mit Stolz. »Wenn wir wollen, dann können wir auch!«, sagte er und schwenkte den Brief. »Denen haben wir es heute gezeigt!«

So kam es, dass Micha und seine Eltern selbstsicher in die Sonnenallee zurückkehrten, obwohl Micha trotz jahrelanger Anstrengungen nicht auf dem Roten Kloster landete. Es war immer so kompliziert und anstrengend, aber der Schlussstrich war ganz einfach zu ziehen.

Er sagte: »Ras, dwa, tri - Russen werden wir nie!«, und das wurde verstanden.

Kapitel 15

Miriam hat Micha in den folgenden Wochen völlig ignoriert. Sie verzieh ihm nicht, dass er sie trotz viermaliger Aufforderung nicht besucht hatte.

Da sie von Michas Verhaftung durch den

ABV nichts erfuhr, hatte sie Michas Nicht-Kommen an jenem Abend sehr verletzt: Wenn er nicht mal auf solch eine Einladung reagiert, was will er dann? Wenn er schon nicht auf mich reagiert, wen will er denn dann?

Miriam begann wieder damit, sich mit Westlern rumzuknutschen. Sie machte kein Geheimnis daraus. Jede Woche stand ein anderer Wagen bei ihr vor der Tür: erst ein Porsche, dann ein Mercedes Cabriolet, dann ein Jaguar und einmal sogar ein Bugatti. All die Autos, die ihr jüngerer Bruder nur als Spielzeug geschenkt bekam, fuhren bei Miriam tatsächlich und ganz in echt vor.

Micha wurde ganz blass. Er fragte sich, wie Miriam das hinkriegt: Jede Woche ein anderer.

Miriams jüngerer Bruder verriet Micha, dass es nicht so war, wie es aussah. In Wirklichkeit war es noch viel schlimmer, als Micha sich vorstellte.

Für einen Big Banger - eines der seltenen Autos, mit dem Miriam noch nie abgeholt wurde - erzählte der kleine Bruder: »Du denkst, dass meine Schwester jede Woche einen anderen Kerl hat. Aber das stimmt nicht. Es ist immer derselbe. Nur hat der jede Woche einen anderen Wagen.«

Nicht mal Miriam selbst wusste, wie er das schafft. »Der Typ muss Millionen haben!«

Miriams Bruder glaubte sogar: »Das ist Elvis.«
Aber es war nicht Elvis.
»Aber wer ist es dann? Wer?«, fragte Miriams Bruder.
Micha meinte schließlich: Vielleicht ist er der Scheich von Berlin.

Gegen einen, der immer wiederkam und jedes Mal in einem neuen Auto, war Micha machtlos. Seine Nerven lagen blank.
Als er wieder Mal von einer Schulklasse auf dem Aussichtsturm auf Westberliner Seite ausgelacht wurde, brüllte er wütend zurück: »Wenn ich achtzehn bin, dann geh ich für drei Jahre an die Grenze - und dann knall ich euch alle ab!«
So wütend, wie in dem Moment hat ihn nie einer in der Sonnenallee gesehen. Aber sein Wutausbruch hatte auch etwas Gutes: Micha ist danach nie wieder ausgelacht worden.

Der Scheich von Berlin war in Wirklichkeit der Parkwächter im Hotel Schweizer Hof. Er wusste, welche Gäste ihre Wagen in der Garage lassen, solange sie im Hotel wohnen. Der Scheich von Berlin benutzte einfach ihre Wagen. Es war die perfekte Methode!
Doch eines Tages ging es schief. Nicht dass er einen Autoschaden hatte. Er hatte auch

keinen schweren Unfall. Es war noch schlimmer. Viel schlimmer, als es sich der Scheich von Berlin je hätte ausmalen können.

Als er mit einem Lamborghini kam, gab es Schwierigkeiten bei der Zollkontrolle: Im Kofferraum lagen vier Maschinenpistolen. Der Scheich von Berlin hatte sich den Lamborghini ausgeliehen, ohne zu wissen, dass dieser Wagen der Mafia gehörte.

Wegen der Maschinenpistolen wurde der Scheich von Berlin natürlich von der Stasi verhört, tagelang. Dann wurde er freigelassen. Die Maschinenpistolen und den Lamborghini bekam er nicht zurück.

Die Mafiosi erwarteten ihn schon am Grenzübergang.

Es war genau so, wie er befürchtet hatte. Sie standen da, drei Sizilianer, starrten Löcher in die Luft oder *feilten* sich langsam die Fingernägel. Der Scheich von Berlin hatte die Schwierigkeiten mit der Stasi gerade hinter sich. Jetzt sah er, dass echte Schwierigkeiten auf ihn warteten.

Er ging zurück zum Grenzübergang und fragte höflich, ob er nicht Bürger der DDR werden durfte. Die Grenzer schickten ihn weg. Die

---

feilen, durch Bearbeitung mit einem kleinen Metallstab kürzer oder glatter machen

Sizilianer standen noch immer an der Straßenecke. Wieder kehrte der Scheich von Berlin um und *flehte* die Grenzer *an*, ihn zum Bürger der DDR zu machen. Er wurde wieder weggeschickt.

Das dritte Mal kam er *heulend* auf Knien und bettelte darum, Bürger der DDR zu werden. Ein Grenzer griff zum Telefonhörer und sprach mit einem Ministerium. Dort ging man darauf ein.

Der Scheich von Berlin wurde Bürger der DDR und Fußgänger. Aber mit ihm und Miriam war es vorbei.

Kapitel 16

Das Merkwürdige an der Mauer war, dass die, die dort wohnten, die Mauer gar nicht ungewöhnlich fanden. Sie gehörte so sehr zu ihrem Alltag, dass sie sie kaum bemerkten. Wenn in aller Heimlichkeit die Mauer geöffnet worden wäre, hätten die, die dort wohnten, es als allerletzte bemerkt.

Die, die dort wohnten, hatten ja keine Reisepässe. Wenn sie in den Ostblock verreisen

anflehen, weinend um Hilfe bitten
heulen, laut weinen

wollten, mussten sie nur den Personalausweis und einen Zettel zum visa-freien Reiseverkehr haben.

Die meisten bekamen ihre Zettel, aber nicht alle. Weil die Existentialistin mal auf der Leipziger Buchmesse ein Buch von Simone de Beauvoir klaute und dabei entdeckt wurde, durfte sie im nächsten Sommer nicht reisen. Das war besonders dumm für Mario. Er hatte sich extra die Haare geschnitten, nachdem er gehört hatte, dass die Langhaarigen nicht in den Ostblock dürfen. Nun bekam er seinen Zettel, aber sie nicht.

Aber dann passierte doch etwas, was alle vom kürzeren Ende der Sonnenallee daran erinnerte, wo sie wohnten. Es geschah in einer Weise, von der sich alle immer nur gewünscht hatten, dass es niemals passieren würde.

Hinterher haben alle herauszufinden versucht, was an diesem Abend geschah. Und wie es geschehen konnte.

Micha hatte oft zusehen müssen, wie sich Miriam mit dem Scheich von Berlin knutschte. Weil er nichts dagegen tun konnte, dachte er wieder an den alten Plan, sich ihren Liebesbrief zu beschaffen. Der lag noch immer im Todesstreifen.

Seine Gedanken kreisten nur noch um diesen Liebesbrief und machten ihn fast verrückt.

Micha hatte sogar die Idee, sich für den Armeedienst an der Grenze zu melden. Von einem Wachtturm würde er dann mit Hilfe einer selbstgebauten Anordnung aus *Feldstecher* und *Fernrohr* den Brief lesen. Micha vertiefte sich gründlich in den Stoff, so dass er die nötigen Berechnungen selbst machen konnte.

der Feldstecher

das Fernrohr

Manchmal stellte sich Micha auch einfach nur an die Stelle der Mauer, hinter der der Brief lag. Wie ein Hund, der auf Herrchens Grab den Mond anheult.

An einem Dienstagabend, als tatsächlich Vollmond war, traf ihn dort Wuschel.

»Hallo, Micha!«, rief Wuschel, der bester Laune war. »Was machst denn du hier?«

Micha verstand nicht, wieso Wuschel so gute Laune hatte. Wie konnte überhaupt jemand gute Laune haben, wenn auf dieser

Welt der Liebesbrief der Schönsten, der Allerschönsten verloren geht! Ungelesen! Micha begann Wuschel von seinem Liebeskummer zu erzählen.

»Dahinter liegt ihr Brief, verstehst du, ihr Brief liegt da, und ich komm da nicht ran!«

»Und wieso nicht?«, unterbrach Wuschel erstaunt.

»Na, wie denn?«, fragte Micha verzweifelt. »Das ist der Todesstreifen, Mann, da wirst du erschossen, wenn du da hineingehst.«

Wuschel sah Micha an, als verstünde er nicht, wo das Problem lag, und sagte: »Das erzähl ich dir morgen.« Er hatte es eilig wegzukommen, aber Micha hielt ihn fest. Wuschel schien die Antwort auf Michas wichtigste Frage zu kennen!

»Wie soll das gehen?«, wollte Micha wissen.

»Du stellst Fragen!«, sagte Wuschel und schüttelte den Kopf. Dann zeigte Wuschel auf Michas Haus. »Das ist doch deine Wohnung!«

»Na und, das weiß ich selbst!«, sagte Micha, der gar nicht verstand, was Wuschel damit sagen wollte.

 das Kabel

»Na, mit einem Verlängerungs*kabel* und einem Staubsauger geht das doch.«

»Was soll ich denn hier mit einem Staubsauger?«

Wuschel zeigte auf einen Rest *Schlauch*, der schon lange vor Michas Haus lag. »Du musst doch nur das eine Ende von dem Schlauch da in den Staubsauger stecken und das andere Ende in den Todesstreifen halten.«

der Schlauch

Micha war sprachlos - die Idee war genial. Er musste mit dem Schlauch nur oft genug die Stelle berühren, wo ungefähr der Brief lag. Irgendwann würde sich der Brief am Ende des Schlauchs festsaugen. Micha holte sofort einen Staubsauger und ein Verlängerungskabel aus seiner Wohnung. Wuschel musste ihm helfen, obwohl er gar nicht wollte.

Kapitel 17

In dieser Nacht waren alle ein bisschen mehr aufgeregt als sonst, vielleicht weil Vollmond war. Die Existentialistin, die mit Mario durch die Stadt wanderte, schimpfte wie schon lange nicht mehr:

»Mann, ich kann dir sagen, ich *habe* die *Schnauze voll*. Kein Wunder, dass alle *abhauen* hier. Und wer noch nicht abgehauen ist, der will abhauen. Und wer noch nicht abhauen will, der wird auch noch dahinter kommen. Und der Letzte macht das Licht aus!«

In dem Moment ging wie durch ein Wunder tatsächlich überall das Licht aus. Mario und die Existentialistin standen im Dunkeln.

Es war ein gewöhnlicher *Stromausfall*, aber er kam aufs Stichwort, und er passierte im Grenzgebiet. Das war noch nie passiert - ein Stromausfall im Grenzgebiet. Der Existentialistin wurde dabei so unheimlich, dass sie zu weinen anfing und sich Mario um den Hals warf.

»So ein Mist, Mario. Jetzt sind wir hier echt die Letzten. Sie haben uns vergessen. Du lässt mich doch nicht allein? Mich - und das Baby?«

Mario glaubte nicht richtig zu hören. »Das Baby?«, fragte er. Sie nickte. So erfuhr Mario, dass er Vater wurde.

Zu dem Stromausfall kam es genau in dem Augenblick, als der Grenzer die komplizierte japanische Stereoanlage an das ostdeutsche

---

die Schnauze voll haben, überhaupt keine Lust mehr haben
abhauen, flüchten
der Stromausfall, Nichtfunktionieren der Elektrizität

Stromnetz anschloss. Es gab einen *Kurzschluss* - und das Licht im ganzen Wohngebiet und im Todesstreifen ging aus. Es wurde dunkel. Der Grenzer verstand sofort, dass die japanische Stereoanlage eine Art Trojanisches Pferd war. Sie war einzig und allein dazu dem Zoll in die Hände gespielt worden, um einen Stromausfall zu bewirken. Und deshalb löste der Grenzer sofort den Großalarm aus.

»Grenzalarm!«, schrie er und schoss *Leuchtmunition* in den Himmel, wo der Vollmond stand. An dem lag es wohl, dass in jener Nacht alle etwas aufgeregter waren als sonst.

Als die erste Leuchtmunition in den Himmel geschossen wurde, stiegen Herr und Frau Kuppisch aufs Dach, um das Schauspiel besser beobachten zu können. Sie legten die Arme um einander und riefen »Oh!« und »Ah!«

Es war ein Feuerwerk, wie sie es noch nie gesehen hatten, weder zu Neujahr oder zum Jahrestag der Republik noch zu irgendeinem Jugendfestival.

Natürlich war auch bei Micha und Wuschel Stromausfall. Der Staubsauger ging aus, bevor die beiden den Brief gefunden hatten.

---

der Kurzschluss, Störung in elektrische Leitungen
Leuchtmunition, Kugeln, die Licht ausstrahlen

Als sie nun den Schlauch zurückzogen, wurden sie von Grenzsoldaten gesehen. Die brennenden Leuchtkugeln verbreiteten ein helles Licht und harte Schatten, die sich mehrfach auf der Mauer abzeichneten. Und da die Leuchtkugeln stiegen und fielen, bewegten sich auch die Schatten von Micha und Wuschel und dem Schlauch.

Sie wirkten wie Terroristen: Die Schatten stürzten ineinander oder zogen voneinander weg, rissen in alle Richtungen aus und verschwanden plötzlich.

Kein Grenzer wäre auf diese Idee gekommen: Dass die beiden nur versuchten, einen Liebesbrief mit Hilfe eines Staubsaugers und einem Schlauch aus dem Todesstreifen zu holen.

Es war unmöglich, in dem Licht- und Schattenspiel der Leuchtmunition unschuldig zu wirken. Und dazu der Vollmond.

Als der Schuss fiel, wusste jeder in der Sonnenallee, dass diesmal nicht mit Leuchtmunition geschossen wurde. Und als Wuschel bewegungslos auf der Straße lag, wussten alle, dass dieser Schuss ein Treffer war.

Micha war noch bei ihm, auch Mario und die Existentialistin kamen sofort. Auch Herr und Frau Kuppisch sind gleich von dem Dach gestiegen, um zu sehen, was passiert war. Ebenso der ABV, den es ja auch anging. Miriam und ihr jüngerer Bruder kamen auch noch.

Wuschel lag auf der Straße, bewegte sich nicht, und alle heulten. Wo sein Herz war, hatte der Schuss die Jacke zerrissen.

Alle hatten immer gehofft, so etwas nie zu erleben. Aber nun war es passiert. Wuschel bewegte sich noch. Die Existentialistin beugte sich zu ihm hinunter, um ihn beim Sterben wenigstens bequem zu betten. Aber plötzlich stand Wuschel auf. Er knöpfte seine Jacke auf und holte, noch ganz verwirrt, eine Platte hervor, die »Exile on Main Street«. Die Platte war zerschossen, aber sie hatte ihm das Leben gerettet.

Wuschel fing an zu heulen. »Die echte englische Ausgabe!«, jammerte er, als er die kleinen Stücke der »Exile on Main Street« aus dem kaputten Cover zog.

»Die war neu! Und jetzt sind sie beide kaputt! Es war doch ein Doppelalbum!« Wuschel war in Tränen aufgelöst.

»Wuschel, wenn es nur eine wäre … «, sagte die Existentialistin und wagte es nicht, den Gedanken zu Ende zu denken.

»Eine hätte nicht gereicht, Wuschel«, sagte Herr Kuppisch.

»Ja, doch«, sagte Wuschel, der immer noch

laut jammerte. »Trotzdem!«

Und dann sah Micha, wie der Liebesbrief aus dem Todesstreifen über die Mauer flog. Der Brief brannte hell. Eine niedergehende Leuchtkugel war auf den Brief gefallen und hatte ihn in Brand gesetzt. Darauf war der Brief von der Hitze in die Luft geflogen und zurück auf die kürzere Seite der Sonnenallee.

Micha hat den brennenden Brief angesehen, und als der verbrannt war, sah er Miriam an.

Und da hat Miriam plötzlich begriffen, was hier passierte. Sie hat es natürlich nicht in allen Einzelheiten begriffen, aber ihr war klar, dass der Schuss auch irgendwie mit ihr zu tun hatte.

Kapitel 18

Ein paar Tage später sind sich Miriam und Micha auf der Straße begegnet. Es war einer der letzten warmen Tage des Jahres. Miriam hatte noch mal ihr Sommerkleid an und nichts darunter. Micha hatte ein Eis in der Hand.

Als ihm Miriam ihr Herz ausschüttete, wagte Micha nicht von seinem Eis zu essen. Wahrscheinlich fand er das uncool, obwohl es das

Wort damals noch gar nicht gab. So tropfte das Eis auf seine Hand und lief ihm den Unterarm hinunter.

Beide hatten ein schlechtes Gewissen. Miriam hatte nicht gesehen, wie sehr Micha an ihr litt. Und Micha war mit dem Liebesbrief zu weit gegangen. Wenn Wuschel nicht dieses unbeschreibliche Glück gehabt hätte, würde Micha nicht mehr leben wollen. Dann wäre für immer ein Schatten auf sein Leben gefallen. Hätte, würde, wäre ...

Miriam fing an. Es tat ihr Leid, dass Micha so litt, wenn sie mit Westlern rumknutschte. Miriam versuchte Micha zu erklären, dass »die« alles vorschreiben wollen, dass »die« alles verbieten. Mit »die« meinte sie natürlich nicht die Westler, sondern alles ab der Schuldirektorin Erdmute Löffeling und aufwärts. Alle, die das Sagen hatten.

»Die wollen uns alles verbieten«, meinte Miriam. Und irgendwie musste sie doch etwas dagegen unternehmen. Irgendwie musste sie doch merken, dass »die« ihr eben nicht alles verbieten können. Und wenn sie sich mit Westlern knutscht, dann gibt ihr das so ein Gefühl, dass »die« nicht alle Macht über sie haben, weil ...

Und während sie nach Worten suchte, bemerkte Micha, dass das Eis in seiner Hand kurz vor dem Absturz stand. Einfach um die Sache abzukürzen, unterbrach er Miriam. Ob sie mit ihm nicht mal ins Kino gehen wollte? Es lief gerade »In achtzig Tagen um die Welt«. Miriam, die von Sehnsucht und von Fernweh sprechen wollte, fühlte sich wie befreit: »Endlich versteht mich mal einer!«

Micha verstand gar nichts, aber als sich Miriam erlöst von ihm verabschiedete, winkte Micha ihr zu - und dabei flog ihm der Rest seines Eises auf die Brust.

Im Kino sahen sie die Reise von Phileas Fogg und seinem Diener. Sie sahen fremde Länder, erstaunliche Menschen und exotische Tiere. Micha war wieder so unsicher. Er wagte es nicht, den Arm um Miriam zu legen, obwohl der Film Überlänge hatte und obwohl Miriam ihren Kopf an seine Schulter legte.

Als sie aus dem Kino kamen, rollten *Panzer* die Karl-Marx-Allee entlang. Es war nur eine Übung für die Militärparade am 7. Oktober, aber die beiden wussten wieder ganz genau, wo sie waren.

Die Panzer lärmten und ein stärkerer Kontrast zu dem bunten und leichten Film ließ sich kaum denken. Miriam warf sich weinend in

| *der Panzer*, schweres militärisches Fahrzeug

Michas Arme, und Micha umarmte sie. Er hielt sie fest und versuchte sie zu trösten. Aber da gab es nichts zu trösten: Der Film hatte Miriam weich gemacht, und dann kamen
5 plötzlich die Panzer in der Nacht!
Für solche Konfrontationen war Miriam nicht gewachsen.

Miriam hatte den ganzen Weg zurück kein einziges Wort gesagt. Sie hatte höchstens mal den
10 Kopf geschüttelt. Zu Hause legte sie sich ins Bett, ohne mit jemandem zu sprechen. Am nächsten Morgen blieb sie liegen und blickte nur an die Decke. Sie reagierte auf nichts und niemanden. Auch am nächsten und übernäch-
15 sten Tag blieb sie bewegungslos liegen.
Ihre Leute gaben ihr Tee und ein bisschen Suppe. Natürlich haben sie sich Sorgen gemacht. Sie wussten ja nicht, was mit ihr los war. Sie wagten auch nicht Micha etwas zu
20 sagen.
Erst der ABV hat zu Micha gesagt: »Deiner Kleinen geht es nicht gut!«

Als Micha bei Miriam am Bett saß, hatte er nur einen Wunsch. Er wollte Miriam retten. Er
25 wollte sie schon immer retten. Manchmal wünschte er sich, dass ein Feuer oder sogar ein Krieg ausbrach, aus dem er sie retten konnte.

Er kannte die Geschichten von Leuten, die in diesem Land kaputt gingen, und er fühlte, dass jemand kommen und sie retten musste. Dieser Jemand wollte er sein.

Er sagte zu ihr: »Weißt du, mir geht es oft so wie dir, und dann schreib ich das immer in mein Tagebuch. Du bist nicht allein, wirklich nicht. Du bist nicht allein.«

Miriam zeigte keine Reaktion, auch nicht, als Micha ihr versprach: »Ich kann sie dir ja Morgen vorlesen, meine Tagebücher.«

Und dann verabschiedete er sich und stürmte in seine Wohnung, hängte ein »Betreten verboten« über sein Zimmer und begann mit der Arbeit. Das Problem war nämlich, dass Micha nie ein Tagebuch geführt hatte. Und jetzt musste er.

Das erste Tagebuch war am schwersten, denn Micha musste es mit links schreiben. Die Schrift sollte ja ungeübt aussehen. Die Wirkung seiner Tagebücher auf Miriam würde um so größer sein, je länger er Tagebuch führte, meinte Micha.

Die ganze Nacht saß Micha an seinen Tagebüchern. Er überlegte, was es bedeutete, hier am kürzeren Ende der Sonnenallee zu leben, wo die Dinge laufen, wie sie laufen. Und er schrieb, dass er sie schon immer liebte, weil er gefühlt hatte, dass sie etwas Besonderes war. Er wusste, dass er ihr alle seine Bekenntnisse vorlesen würde, aber das machte ihm nichts aus.

Um Miriam zu retten, war ihm jedes Mittel
5 recht. Jedes.

Am nächsten Morgen wurde Micha von Frau Kuppisch gefunden. Er war über dem letzten Tagebuch eingeschlafen.

Michas Kopf lag auf dem aufgeschlagenen
10 Tagebuch, seine Finger waren von *Tinte* verschmiert, und sieben leer geschriebene Tintenpatronen lagen auf dem Tisch. Jawohl, sieben!

Als Micha mit seinen Tagebüchern zu Miriam kam, lag sie genauso im Bett wie an den Tagen
15 zuvor, die Augen auf die Zimmerdecke gerichtet.

Micha nahm sich das erste Tagebuch vor und zeigte es ihr: »Hier, siehst du«, sagte er, »damals konnte ich noch nicht gut schrei-
20 ben.«

Miriam zeigte keine Reaktion.

»Ja, also«, sagte Micha und hustete, »ich lese jetzt mal vor: Liebes Tagebuch! Heute war ein wichtiger Tag, denn wir haben heute das ß
25 gelernt. Jetzt lohnt es sich, mit dem Tagebuch anzufangen. Jetzt kann ich endlich ein ganz

| *die Tinte*, gefärbte Flüssigkeit zum Schreiben

wichtiges Wort schreiben. Bis jetzt konnte ich es immer nur denken. Aber jetzt kann ich es schreiben: Scheiße!«

Miriam lächelte. Micha, der nicht gleich am Anfang unterbrochen werden wollte, sagte schnell: »Moment, Moment, das geht noch weiter ... «

Aber dann sah und begriff er, dass Miriam wieder voll da war. Sie hörte, sie reagierte, sie lächelte! Micha war überglücklich: »Hast du ... habe ich dich ... «

Miriam lächelte und strahlte und schließlich schlang sie ihre Arme um seinen Hals und zog ihn zu sich herunter und löste endlich ihr Versprechen ein: Sie zeigte ihm, wie Westler küssen.

Miriams jüngerer Bruder stand in der Tür und sah zu. Wurde ja auch Zeit, dachte er. Dann ging er zum Platz, ließ sich einen Bugatti geben und erzählte Mario und der Existentialistin, Wuschel, dem Dicken und Brille, wie Miriam von Micha gerettet wurde.

»Leute, das ist Liebe!«, sagte Miriams jüngerer Bruder, und alle nickten ruhig und ernst. Und als der Schatten einer Wolke über sie hinweg flog, froren sie.

Kapitel 19

Als Micha an diesem Nachmittag Miriam verließ und mit einem Glücksgefühl nach Hause ging, öffnete ihm Frau Kuppisch weinend die Tür.

»Der Heinz ist ... tot!«, sagte sie und zeigte ins Wohnzimmer. Heinz saß tot im Sessel. »Lungenkrebs!«, sagte Sabine unter Tränen. »Der Arzt meint, es war Lungenkrebs.«

Es klingelte, und Herr Kuppisch öffnete. Vor der Tür stand der Stasi-Nachbar im schwarzen Anzug und sprach Familie Kuppisch sein Beileid aus. Er winkte zwei Männern im Treppenhaus zu, die daraufhin einen *Sarg* in die enge Wohnung trugen.

der Sarg

So erfuhr Familie Kuppisch, dass ihr Nachbar *Leichenbestatter* war.

Herr Kuppisch war so überrascht, dass er ganz blass wurde. Sein Nachbar schenkte ihm einen Schnaps ein. »Kommen Sie, Herr Kuppisch, das ist nichts Ungewöhnliches.«

der Leichenbestatter, Beruf, wo man das Begräbnis eines Toten vorbereitet

Als es Herrn Kuppisch wieder besser ging, sagte er, was ihm gerade durch den Kopf ging: »Lieber ein Leichenbestatter-Nachbar als ein Stasi-Nachbar. Da wissen wir doch wenigstens, woran wir sind.«

Der Nachbar verstand überhaupt nicht, was Herr Kuppisch damit meinte, aber er nickte trotzdem verständnisvoll. Und dann machte er sich an die Arbeit.

Als der Sarg geöffnet wurde, zog sich Michas Herz zusammen. Frau Kuppisch standen so viele Tränen in den Augen, dass sie ihren toten Bruder nicht mehr erkennen konnte. Und als Heinz in den Sarg gelegt wurde, geschah noch etwas, das Micha die Tränen kamen: Eine Rolle *Smarties* fiel aus seinem Hosenbein.

Heinz hätte der größte Schmuggler werden können, dachte Micha. Aber er hätte wenigstens einmal etwas Verbotenes mitbringen müssen. Eine Bombe oder »Moscow, Moscow« oder Pornohefte …

»Aber doch nicht immer so was!«, weinte Micha, als er die Smarties aufhob.

Zur *Beisetzung* von Heinz ließ man Frau Kup-

Smarties, bunte Bonbons mit Schokolade gefüllt
die Beisetzung, siehe Seite 95

pisch nach Westberlin fahren. Es war das erste Mal, dass jemand von dem kürzeren Ende der Sonnenallee in den Westen fahren durfte. Vielleicht durfte sie, weil sie ihre Familie zurück ließ. Oder weil sie immer die Fahne hinausgehängt und das ND abonniert hatte.

Frau Kuppisch durfte nur eine Nacht im Westen bleiben. Bei ihrer Rückkehr stellte sie eine Dose Kaffee auf den Tisch. »Hab ich geschmuggelt!«

»Geht das schon wieder los!« Micha schüttelte den Kopf. »Mama, Kaffee ist total legal. Den brauchst du nicht zu schmuggeln. Da hättest du doch lieber … «

Herr Kuppisch hatte schon neugierig die Dose geöffnet und unter seine Nase gehalten. »Das ist kein Kaffee!« Er griff in die Dose. Schwarzes Pulver blieb an seinen Fingern hängen.

Sabine hatte als Erste eine Ahnung: »Sag mal, ist das Onkel Heinz?«

Frau Kuppisch nickte stolz.

Micha, Sabine, Herr und Frau Kuppisch betrachteten eine Minute lang ohne ein Wort den Inhalt der Dose. Das übertraf alles: Heinz wurde selbst über die Grenze geschmuggelt. Ein besseres Ende ließ sich nicht denken.

»Friede seiner Asche«, sagte Herr Kuppisch schließlich und macht die Dose wieder zu.

Am Abend wurde Heiz auf dem *Friedhof* unter einem Baum beerdigt. Die Formulierung »Die Beisetzung fand in aller Stille statt« hat nie so sehr gestimmt wie bei dieser Beerdigung. Alle vom kürzeren Ende der Sonnenallee hatten sich versammelt, sogar der ABV und der Grenzer. Die Totenrede war sehr kurz.

»Heinz«, sagte Herr Kuppisch feierlich, »du warst nicht nur unser *Schwager*, Bruder und Onkel. Du warst unsere West-Verwandtschaft!«

Sie gingen nach Hause. Unterwegs redeten alle miteinander. Nur Micha nicht. Er dachte darüber nach, was er mit seinen Tagebüchern machen sollte. Er hatte Miriam nur den allerersten Tag vorgelesen. Das Beste sollte noch kommen.

Ob ich Schriftsteller werde?, fragte er sich.

Nee, dachte er. Wie soll ich denn das beschreiben, ohne dass meine Leser den Kopf schütteln. Wenn ich nur höre, mit welcher Wichtigkeit die über alles reden: Die Existentialistin erzählte Mario von einem neuen Buch über Kindererziehung, das im Westen erschienen ist. Sie wollte ihr Kind, wenn es geboren ist, wie einen Indianer aufwachsen lassen.

---

der Friedhof, siehe Seite 95
der Schwager, hier: Bruder einer Schwester

Der ABV ließ jeden wissen, dass er bestimmt nächstes Jahr Obermeister wird.

Herr Kuppisch wiederholte zum fünften Mal, dass es ein Glück war, dass sie zur Wahl gegangen waren. Sonst hätte Frau Kuppisch bestimmt nicht in den Westen gedurft.

Kapitel 20

Mario und die Existentialistin hatten einen alten Trabi gekauft, aber solange Mario nicht achtzehn war, durfte er nicht fahren. Und selbst wenn, hätte er erst die Fahrschule machen müssen.

Mario beschäftigte sich von früh bis spät mit dem Wagen. Nichts an diesem alten Trabi funktionierte. Alles musste repariert werden.

Seitdem sie den Wagen gekauft hatten, sah die Existentialistin nur Marios Füße.

»Wie kann so ein einfaches Auto so kaputt sein!«, rief sie eines Tages, und als Mario sie beruhigte, setzten die *Wehen* ein.

»Oh Gott, Mario, es geht los!«, schrie die Existentialistin. »Geh ans Telefon! Ruf ein Taxi!«

»Hier gibt es kein Telefon. Hier gibt es kein

| *die Wehe*, Schmerz bei der Geburt eines Kindes

Taxi! Ich fahr dich!«, rief Mario.

»Womit?«, fragte die Existentialistin verzweifelt, aber im selben Moment ahnte sie, was Mario meinte.

»Mario, wir haben den Wagen schon seit sechs Wochen, aber der ist noch nicht einen Meter gefahren!«

»Dann wird es aber Zeit!« Mario drehte den *Zündschlüssel* herum und tatsächlich - der Motor startete.

»Das kann eigentlich gar nicht sein«, murmelte Mario. Er setzte die Existentialistin auf den Beifahrersitz, schloss die Tür und fuhr schnell aus dem Hof, wo er eben noch den Wagen repariert hatte.

Es regnete in Strömen. Als der Wagen auf die Straße schoss, verlor er den *Auspuff*. Der Wagen krachte und klapperte.

Das Kind würde einen Schaden fürs Leben haben, fürchtete die Existentialistin. Im Trabi geboren zu werden, ist so schlimm wie bei einem Luftangriff zur Welt zu kommen. Mario schrie begeistert gegen den Lärm an: »Sogar der *Scheibenwischer* funktioniert, hast du das gesehen?«

der Zündschlüssel, siehe Seite 101
der Auspuff, siehe Seite 101
der Scheibenwischer, siehe Seite 101

Für solche Feinheiten interessierte sich die Existentialistin nicht. Sie wollte nur weg von dem Lärm, ehe ihr Kind zur Welt kam.

Doch plötzlich sollte die Fahrt zu Ende sein. Ein Verkehrspolizist stand mitten auf der Straße.

»Lassen Sie uns durch!«, rief Mario. »Wir bekommen ein Baby!«

»Stellen Sie den Motor ab«, sagte der Polizist. »Erst lassen wir die sowjetische Staatsgäste passieren.«

»Nein«, rief Mario, »wir kriegen das Baby jetzt!« Er legte wieder den Gang ein und fuhr weiter.

Als er in die Hauptstraße einbog, passierten ihn die sowjetischen Gäste: dreizehn Staats*karossen* rasten vorbei. Aber Mario war schneller. Bald hatte er den letzten Wagen erreicht, und dann begann er, nach und nach alle Staatskarossen zu überholen.

Die Existentialistin lag auf dem Beifahrersitz und war schon mitten in den Wehen.

Als Mario fast die ganze Kolonne überholt hatte, fuhren zwei Wagen langsam aus der Kolonne heraus. Mario musste anhalten.

Er stellte den Motor ab, aber versuchte

| *die Karosse*, vornehmer Wagen

sofort wieder zu starten. Doch der Motor wollte nicht mehr. Mario stieg aus und stand im strömenden Regen. Die Existentialistin jammerte.

Mario fühlte sich so hilflos wie noch nie und in seiner Verzweiflung fiel ihm nichts anderes ein, als eine bittende Bewegung in Richtung der Staatskarossen zu machen.

Tatsächlich öffnete sich eine Wagentür, und einer der Russen stieg aus.

Bitte!«, sagte Mario mutig. »Wir kriegen ein Baby!« Der Russe machte nur eine Handbewegung zum Himmel - und im gleichen Augenblick hörte es auf zu regnen.

Dann beugte er sich ins Auto, wo die Existentialistin in Wehen lag. Sie schrie und schrie. Mario konnte nicht sehen, was der Russe im Auto machte. Doch ein paar Augenblicke später kam er wieder aus dem Auto und legte Mario ein fertig *gewickeltes* Baby in den Arm. Nachdem der Russe beide Hände frei hatte, berührte er den Trabi. Der Wagen sprang sofort wieder an.

»Das ist ein Russe, der Wunder vollbringt!«, rief die Existentialistin. »Frag ihn, wie er heißt!«

| *wickeln*, siehe Seite 101

Mario fragte ihn aufgeregt: »*Kak tebja sawut?*«, aber der Wunderrusse war schon mit einem Lachen in seinen Wagen gestiegen und weitergefahren.

Mario und die Existentialistin standen mit

Kak tebja sawut?, Wie heißt du?

ihrem Baby auf der Straße und sahen den Staatskarossen hinterher. Je weiter sich die Kolonne entfernte, desto deutlicher wurde es den beiden: das, was gerade passiert war, würde ihnen niemand glauben. Auch ihr Kind würde größer werden und fragen. Aber die Dinge in diesem Land würde es wahrscheinlich genau so wenig begreifen wie seine Eltern.

Mensch, was haben wir die Luft bewegt, schrieb Micha später.

Es war von vorn bis hinten *zum Kotzen*, aber wir haben uns prächtig amüsiert. Wir waren alle so klug, so interessiert, aber eigentlich war es idiotisch.

Wir stürmten in die Zukunft, aber wir waren so was von gestern! Mein Gott, waren wir komisch, und wir haben es nicht einmal gemerkt.

Glückliche Menschen haben ein schlechtes Gedächtnis und reiche Erinnerungen.

| *zum Kotzen*, nicht auszuhalten

Fragen

1. Welche Erklärung hat Micha dafür, dass die Sonnenallee geteilt wurde?
2. Warum leben Micha und seine Freunde ihr Leben auf der Straße?
3. Aus welchem Grund wird der ABV wieder Meister?
4. Was sagt der ABV zu Micha, wenn er ihn auf der Straße trifft?
5. Warum nimmt Micha die Schuld auf sich, als jemand Mario verpetzt?
6. Wie verläuft der Abend in der Schuldisco?
7. Was sagt Miriam zu Micha, bevor sie ans Rednerpult geht?
8. Wie reagiert Micha darauf?
9. Warum meint Herr Kuppisch, dass der Nachbar bei der Stasi ist?
10. Welche Sachen schmuggelt Onkel Heinz in die DDR?
11. Warum meldet sich Micha doch bei der Tanzschule an?
12. Wie gelingt es ihm, den letzten Tanz mit Miriam zu tanzen?
13. Warum will Frau Kuppisch unbedingt älter aussehen?
14. Beschreib Michas Versuch, an den Brief, der im Todesstreifen gelandet ist, zu kommen.

15. Weshalb wird Mario aus der Schule herausgeschmissen?
16. Aus welchem Grund regt sich die Schuldirektorin über den Schachaushang auf?
17. Wie verläuft Michas erster Schultag im Roten Kloster?
18. Was hat Frau Kuppisch getan, um Micha auf das Rote Kloster zu bringen?
19. Aus welchem Grund wird der Parkwächter aus Westberlin DDR-Bürger?
20. Wie kommt es dazu, dass Wuschel von einem Schuss getroffen wird?
21. Was erklärt Miriam Micha, als sie sich an einem der letzten warmen Tage auf der Straße begegnen?
22. Warum schreibt Micha eine ganze Nacht Tagebücher?
23. Welche Wirkung auf Miriam hat Michas Vorlesen aus den Tagebüchern?
24. Unter welchen Umständen wird das Kind von Mario und der Existentialistin geboren?

Sprachübungen

A. Setze eines der folgenden Wörter ein:

Waffe - Skandal - verboten - quitt - der ABV - schlimmer

1. Auf dem großen Polizeiball hatte .... Moscow, Moscow gespielt.

2. Da Moscow, Moscow unbeschreiblich .... war, gab es einen riesengroßen ....

3. Der Polizeipräsident hat seine .... gezogen und auf den Kassettenrecorder geschossen.

4. Vielleicht hat sich alles viel .... abgespielt, dachte Micha.

5. Erst viel später sind der ABV und Micha ....

B. Erkläre folgende Ausdrücke mit deinen eigenen Worten!

1. der Aussichtsturm
2. der Reisepass
3. die Parole
4. die Diskussion
5. der Gemüseladen
6. die Tanzstunde
7. der Abschlussball
8. die Illustrierte
9. die Beschönigung
10. die Zollkontrolle
11. das Tagebuch
12. die Verwandtschaft

C. Welche Relativpronomen fehlen hier?

1. Miriam trug ein Abendkleid, ... dunkelblau war.
2. Micha hörte nicht das Brummen des Motorrades, ... draußen vorfuhr.
3. Die Frau, ... Mario kennen lernte, hatte rote Haare.
4. Sie las ein Buch, ... von Sartre geschrieben ist.
5. Frau Kuppisch, ... den Pass von der BRD-Bürgerin Helene Rumpel gefunden

hatte, saß am Schminktischchen und schminkte sich.
6. Sie hatte die Kleider und Schuhe an, ……… ihr Heinz gebracht hatte.
7. Sie hatte auch einen unbenutzten Fahrschein, ……… sie im Westen gebrauchen konnte.
8. Das Auto, ……… der Scheich von Berlin fuhr, war ein Lamborghini.

D. Setze die Verben ins Präsens!

Seine Freundin wartete zu Hause auf ihn mit Wein und im Unterrock. Doch anstatt Bergmann kam wieder nur der Telegrammbote. Darüber regte Bergmanns Freundin sich so auf, dass sie den Wein allein trank und noch im Unterrock Bergmanns zwei Armeeplatten kurz und klein schlug. Und weil ihr vor Wut Tränen in den Augen standen, sah sie nicht, was sie wirklich kaputt schlug.

E. Welche Wörter fehlen hier? Die Anfangsbuchstaben ergeben ein Wort.

Er steckte sich Schokolade in die ………
Für solche Abenteuer war ……… Heinz nicht

der Typ.
Die ganze .... saß Micha an seinen Tagebüchern
Micha fand im Briefkasten einen Brief ohne
....
Micha, Mario, Wuschel, Brille und der Dicke reißen aus Langeweile die .... an den Colaflaschen ab.
.... an diesem alten Trabi funktionierte.
Traditionell stand Churchill auf Seiten der
....
Die Schuldirektorin hatte den Namen Erdmute ....
Sein erster .... wurde vom Wind weg getragen.
Mario und die .... standen mit ihrem Baby auf der Straße.
Herr Kuppisch schrieb wie immer keine
....